KB146195

풀면 풀수록
자꾸만 똑똑해지는

어른을 위한
두뇌 놀이 책

개러스 무어 지음

한빛라이프

어른을 위한 두뇌 놀이 책

초판 발행 2021년 8월 20일
9쇄 발행 2024년 12월 20일

지은이 개러스 무어 / **펴낸이** 김태헌
총괄 임규근 / **팀장** 고현진 / **책임편집** 박지영
디자인 천승훈
영업 문윤식, 신희용, 조유미 / **마케팅** 신우섭, 손희정, 박수미, 송수현 / **제작** 박성우, 김정우

펴낸곳 한빛라이프 / **주소** 서울시 서대문구 연희로 2길 62
전화 02-336-7129 / **팩스** 02-325-6300
등록 2013년 11월 14일 제25100-2017-000059호
ISBN 979-11-90846-10-3 03690

한빛라이프는 한빛미디어(주)의 실용 브랜드로 우리의 일상을 환히 비추는 책을 펴냅니다.

이 책에 대한 의견이나 오탈자 및 잘못된 내용은 출판사 홈페이지나 아래 이메일로 알려주십시오.
파본은 구매처에서 교환하실 수 있습니다. 책값은 뒤표지에 표시되어 있습니다.
한빛미디어 홈페이지 www.hanbit.co.kr / 이메일 ask_life@hanbit.co.kr

Copyright © Michael O'Mara Books Limited 2021
Crosswords, dot-to-dot, hanjie, mazes, sudoku and word searches copyright © Gareth Moore 2021
Spot-the-difference illustrations by David Woodroffe

Original English edition published by Michael O'Mara Books
Korean translation rights arranged with Michael O'Mara Books
Through Icarias Agency Co., Korea.
Korean translation rights © 2021 by Hanbit Media Inc.
이 책의 한국어판 저작권은 이카리아스 에이전시를 통한 Michael O'Mara Books와의 독점계약으로
한빛미디어㈜에 있습니다.
저작권법에 의해 보호를 받는 저작물이므로 무단 복제 및 무단 전재를 금합니다.

지금 하지 않으면 할 수 없는 일이 있습니다.
책으로 펴내고 싶은 아이디어나 원고를 메일(writer@hanbit.co.kr)로 보내주세요.
한빛라이프는 여러분의 소중한 경험과 지식을 기다리고 있습니다.

개러스 무어 박사
Dr Gareth Moore

개러스 무어 박사는 세계 최고의 두뇌 게임 전문가이자 퍼즐 책 베스트셀러 작가입니다. 영국 케임브리지대학교에서 인공지능의 한 분야인 머신러닝(Machine Learning)으로 박사 학위를 취득했습니다. 어린이와 어른을 위한 두뇌 게임 및 퍼즐을 고안했으며 전 세계적으로 100권 이상의 두뇌 트레이닝을 위한 책을 펴냈습니다.

개러스 무어의 책은 영어권에서만 오백만 부 이상 팔렸으며 35개 이상의 언어로 번역 출간되어 세계적인 인기를 끌고 있습니다.

번역된 저서로『셜록 홈스의 추리논리 퀴즈』,『동물점잇기』,『하루 10분 놀면서 두뇌 천재되는 브레인 스쿨』,『판타스틱 미로 여행』,『40일 만에 두뇌력 천재가 된다』,『40일 만에 기억력 천재가 된다』등이 있습니다.

현재 두뇌 훈련 웹사이트인 'BrainedUp.com'과 유명 퍼즐 사이트인 'PuzzleMix.com' 등을 운영하고 있습니다. 두뇌 트레이닝 전문가로서 여러 미디어에서 활발하게 활동하고 있습니다.

한국 독자에게 전하는 인사말

안녕하세요! 한국 독자 여러분, 우선 이 책을 구매해 주셔서 감사드리며 한국에서 이 책을 낼 수 있게 되어 기쁩니다. 퍼즐로 안부를 전한다는 건 항상 즐겁습니다.

이 책에 있는 모든 활동은 여러분의 일상에 짧은 휴식을 주기 위한 것입니다. 그러니 연필을 들고(용감하다면 펜도 좋습니다!) 짧지만 '나 혼자만의 시간'을 10분 동안(또는 할 수 있는 한 길게) 보내보세요. 어떤 퍼즐은 몇 분 안 걸려서 완성하겠지만 어떤 퍼즐은 시간이 더 걸릴 거예요. 둘 중 어떤 것이든 마음속에서 집중이 안되는 요소를 없애고 휴식을 취할 수 있게 하세요.

그리고 재미를 느끼는 것, 잊지 마시고요!

개러스 무어 박사

들어가며 ———————

〈어른을 위한 두뇌 놀이 책〉에서 다루는 다양한 액티비티에 대한 설명입니다.

네모로직

스도쿠와 양대산맥을 이루는 퍼즐 게임으로 처음 보면 어려울 수 있지만 예시를 보면 쉽게 따라할 수 있습니다. 이 책에서 다루는 네모로직은 30*30으로 쉽지 않습니다. 이 로직을 풀 수 있을 정도면 이미 규칙을 알고 있을 것입니다. 하지만 혹시나 네모로직을 처음 접하는 사람들을 위해 간단히 설명합니다.

tip

- 가로축, 세로축의 숫자는 연속해서 칠해야 할 숫자를 의미합니다.
- 예시 그림에서 세로축에 두 개의 숫자가 있는 칸이 있죠? 이때는 숫자와 숫자 사이에 꼭 한 칸 이상 띄우고 칠해야 합니다. 숫자가 3개, 4개일 때도 마찬가지고요. 각 숫자 사이는 한 칸 이상 띄워야 합니다.
- 본인이 판단했을 때 칠할 수 없는 칸은 X 또는 / 표시를 해두세요! 덜 헷갈립니다.

	5	4	3	1	2
3, 1				×	
5					
3				×	×
2			×	×	×
1		×	×	×	×

네모로직을 처음 접한다면 이 책에 제시되는 30*30 로직은 풀기 매우 어려울 수 있습니다. 다른 책을 통해 낮은 단계인 5*5부터 훈련하고 나서 푸는 게 좋습니다.

숫자 연결 하기

우선 ☆을 찾으세요. O를 만날 때까지 숫자 순서대로 점을 연결하세요. O를 만나면 새로운 ☆을 찾아 다시 시작하세요.

컬러링

원하는 대로 색칠해 보세요. 머릿속이 차분해 질 거예요.

낱말 퍼즐

영어 버전과 한글 버전 두 가지가 있습니다. 설명을 읽고 퍼즐을 완성해보세요. 영어 낱말 퍼즐은 해당 영어 단어를 쉽게 유추할 수 있도록 설명글을 한글로 다뤘습니다. 한글 낱말 퍼즐은 시사용어나 사자성어, 경제용어 등을 담았습니다.

미로 찾기

들어가는 화살표와 끝나는 지점에 유의해 미로를 풀어보세요.

다른 그림 찾기

두 그림이 서로 다른 점을 표시해보세요. 다른 모양은 물론 크기, 색, 간격 등 매우 디테일한 부분까지 잘 살펴보아야 합니다.

스도쿠

스도쿠는 퍼즐계의 1인자라고 할 수 있을 정도로 남녀노소가 즐길 수 있습니다. 기본적으로 1부터 9까지의 숫자가 빈칸에 모두 하나씩 들어가야 합니다. 가로행, 세로열 그리고 3*3 어느 곳에도 중복된 숫자가 들어갈 수 없습니다. 다음 그림과 같은 3*3의 사각형이 9개로 총 9*9, 81칸을 모두 채워야 완성됩니다.

tip
- 다음 그림처럼 3*3에 1~9의 숫자가 하나씩 들어갑니다.
- 다음 그림이 9개 모여 있는 9*9에서 가로행에 1~9 사이의 숫자가 하나씩, 세로열에도 1~9 사이의 숫자가 하나씩만 들어가야 합니다.

	1	7
2		
5		3

단어 찾기

여러 무의미한 알파벳의 나열 안에서 올바른 단어를 찾아보세요. 어느 방향이라도 상관 없습니다. 가로, 세로, 정방향, 역방향, 대각선까지도요.

그림 모양 힌트: 쥐덫?

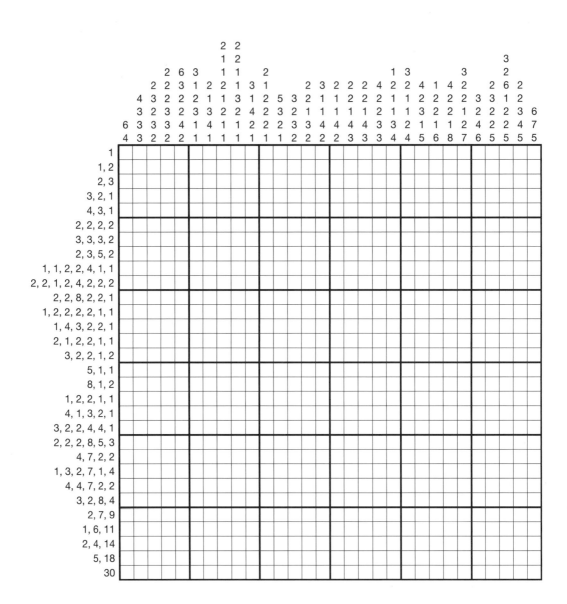

정답 90쪽

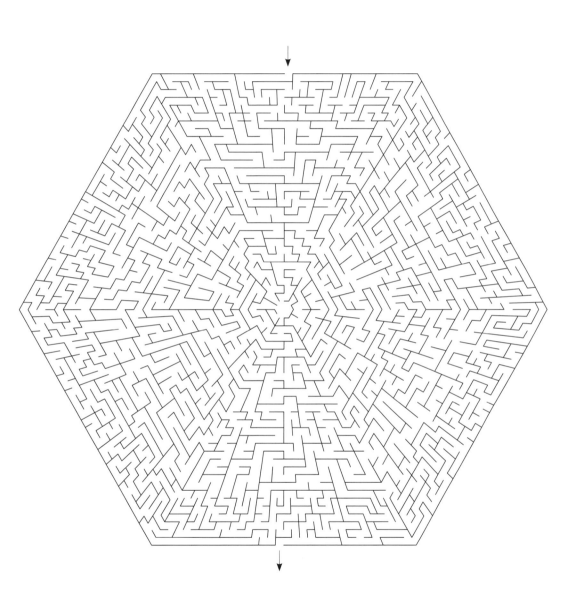

정답 90쪽

서로 다른 부분 **10군데**를 찾으세요.

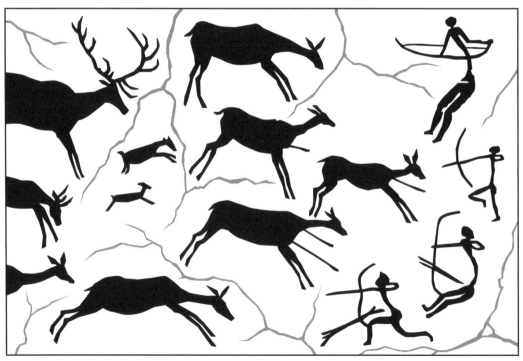

정답 90쪽

	1	7				5	3	
2				7				9
5		3				2		6
			1	2	9			
	2		7		5		6	
			6	3	4			
4		2				6		7
7				1				4
	8	9				3	2	

정답 90쪽

	1		7	5	6		8	
4			8		3			5
8	5		6		7		2	4
6								7
2	4		5		1		3	8
5			9		8			1
	7		2	6	4		5	

정답 90쪽

그림 모양 힌트: 오프닝 순간

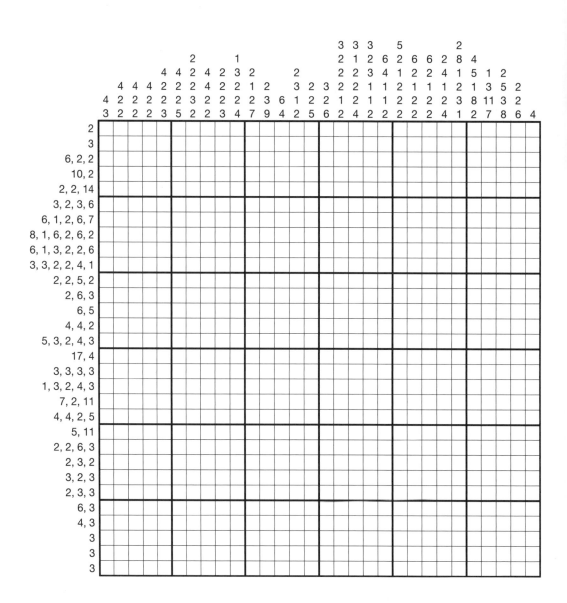

다른 그림 찾기

서로 다른 부분 **16군데**를 찾으세요.

정답 91쪽

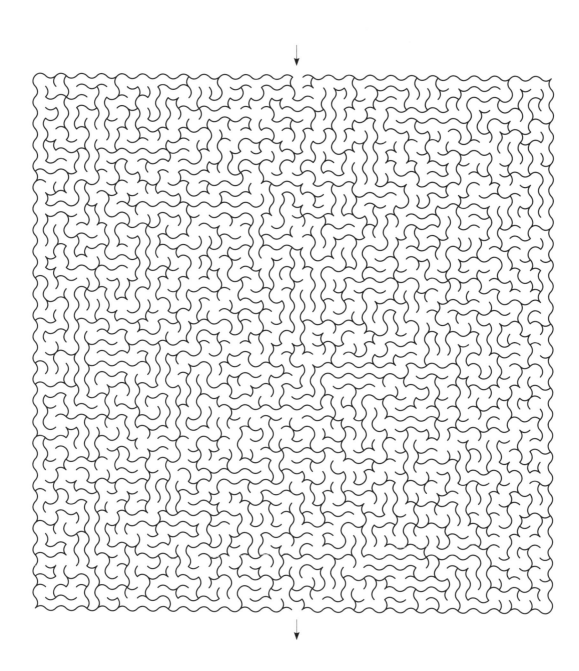

정답 91쪽

서로 다른 부분 **10군데**를 찾으세요.

정답 91쪽

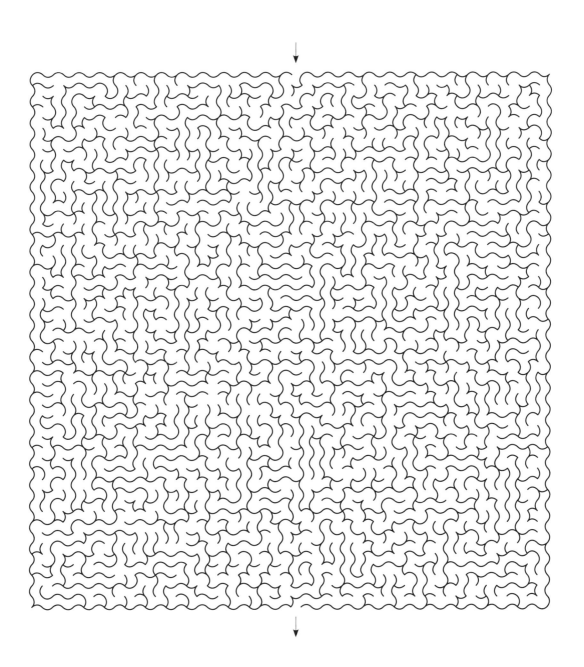

정답 91쪽

☆에서 시작한 다음 ○를 만날 때까지 숫자가 커지는 순서대로 점들을 연결하세요.

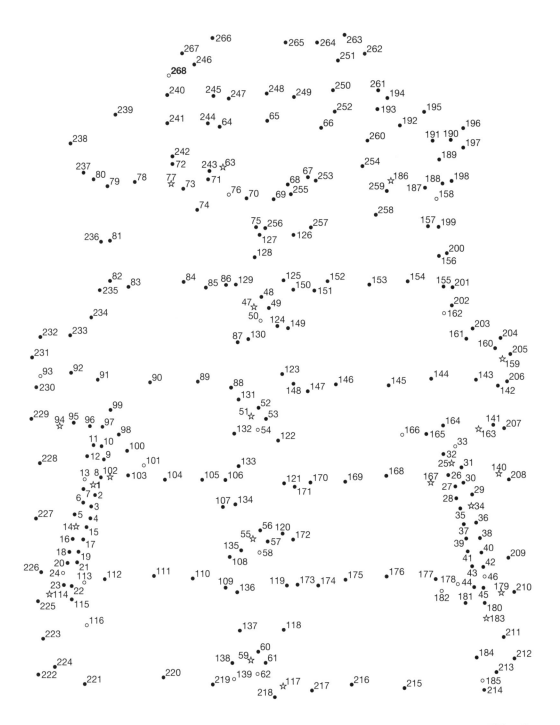

숫자 연결 하기

☆에서 시작한 다음 O를 만날 때까지 숫자가 커지는 순서대로 점들을 연결하세요.

정답 91쪽

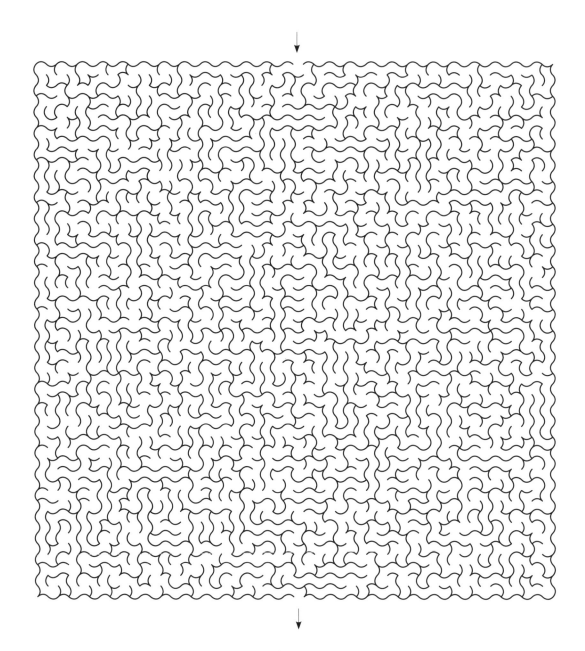

정답 92쪽

☆에서 시작한 다음 ○를 만날 때까지 숫자가 커지는 순서대로 점들을 연결하세요.

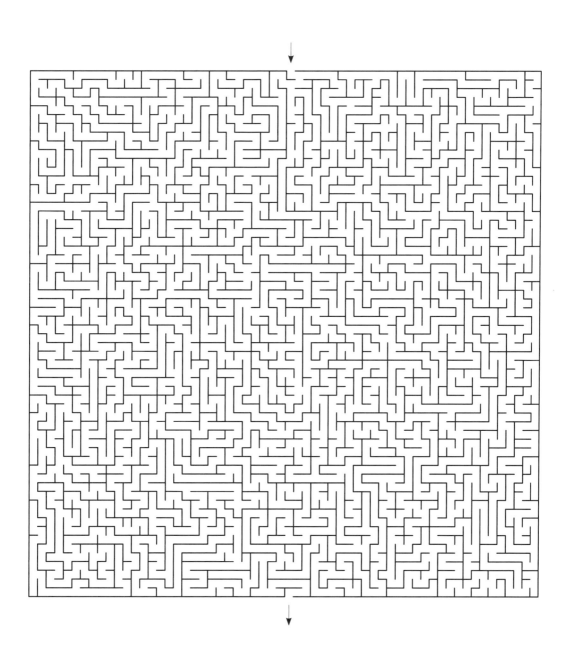

정답 92쪽

☆에서 시작한 다음 O를 만날 때까지 숫자가 커지는 순서대로 점들을 연결하세요.

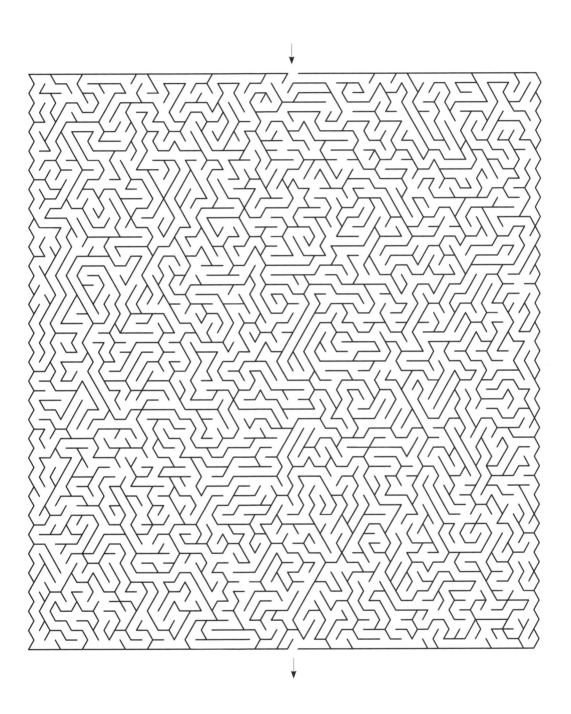

정답 92쪽

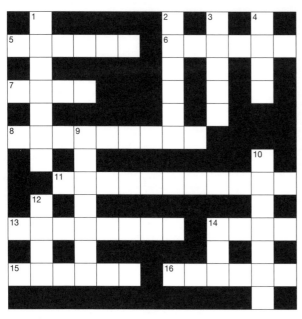

Across

5 '높은'을 뜻하는 high의 비교급

6 '기름을 바르다'라는 동사의 현재분사형

7 작은 액체 방울이나 작은 색깔 부분을 이르는 말

8 '건설하다', '구성하다'라는 뜻의 단어

11 '힘들게', '공을 들여서'라는 뜻의 부사로 labor에서 파생

13 어떤 일의 초보자, 초심자를 나타내는 말

14 물가나 가치 등이 급등하는 것을 나타내는 동사

15 '흘긋보다, 흘긋 봄'을 뜻하는 단어

16 '흔들다, 흔들리다, 떨리다'라는 뜻을 지닌 동사의 과거분사형

Down

1 숫자 100만

2 다양한 빛깔의 돌, 유리, 금속, 타일 등 조각을 붙여서 무늬나 회화를 만드는 기법

3 큰 것에서 떨어져 나온 얇은 조각, snow-ooooo는 '눈송이'를 뜻함

4 '뜨개질을 하다'라는 뜻의 동사이자 '뜨개질한 옷'을 나타내는 명사

9 '역, 정거장'을 뜻하는 명사로 합성어에서 어떠한 서비스가 제공되는 곳을 이르는 말. Police ○○○○○○○, Gas ○○○○○○○

10 '통관 수속을 필한, 허가된, 지불이 끝난'이라는 뜻의 형용사

12 '거래하다, 나누어주다, 거래, 계획' 등을 나타내는 동사이자 명사

14 '온천, 휴양 시설'이라는 뜻을 지녔으며 jacuzzi로도 쓰임

정답 92쪽

21 단어 찾기

Time for a Break

O	K	A	O	K	C	A	N	S	C	E	W	A	O	B
C	G	W	E	L	S	A	D	P	E	S	H	C	N	E
C	D	C	U	N	S	U	T	E	C	M	C	G	B	O
O	B	O	O	K	I	E	D	R	D	W	I	A	E	U
F	S	D	W	N	A	Z	O	O	B	C	W	C	A	A
F	E	O	C	A	E	S	A	E	K	C	D	W	N	S
E	M	P	S	A	S	W	U	G	O	U	N	P	B	I
E	A	N	E	W	K	A	S	B	A	L	A	A	A	A
A	G	A	O	L	M	N	E	P	T	M	S	N	G	C
N	F	R	A	D	A	A	U	R	A	S	K	E	A	A
A	D	W	D	T	P	N	N	T	C	P	E	A	S	S
K	S	O	F	A	P	A	S	A	K	A	E	R	O	H
O	N	K	E	E	L	B	F	A	G	A	N	R	L	C
R	I	G	G	N	E	E	A	R	M	C	H	A	I	R
R	T	A	H	W	I	C	H	A	T	A	O	F	R	I

APPLE
ARMCHAIR
BANANA
BEANBAG
BOOK
CAFE
CHAT
COFFEE
CROSSWORD
GAME
MAGAZINE
NAP
NEWSPAPER
REST
SANDWICH
SNACK
SOFA
SUDOKU
TEA
WALK

정답 93쪽

그림 모양 힌트: 우승의 순간

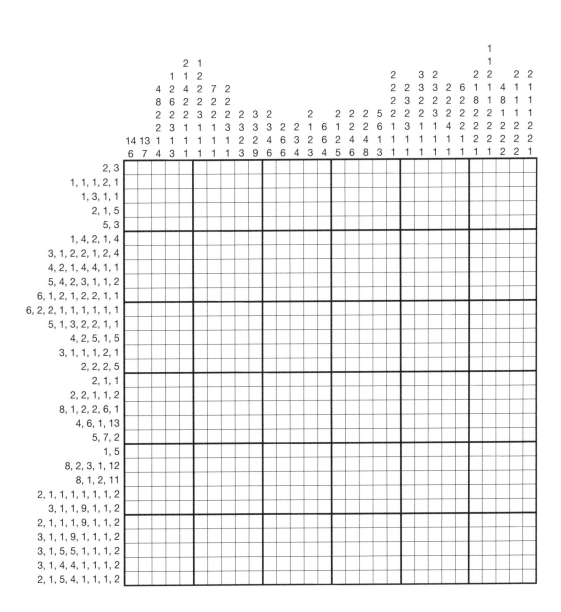

그림 모양 힌트: 달 탐사자

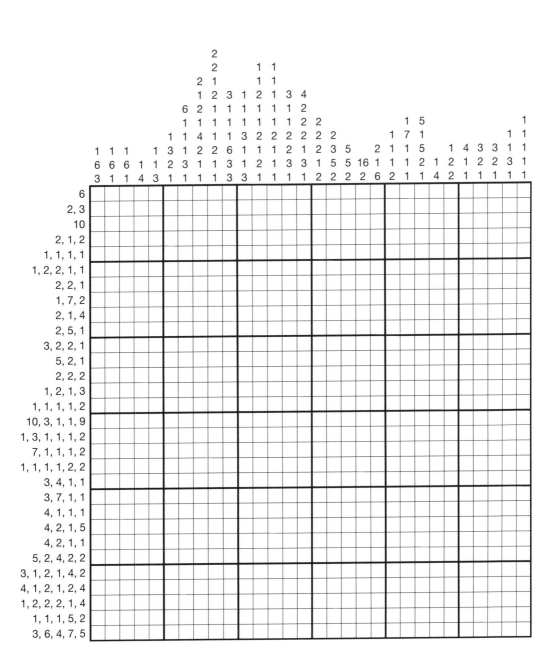

정답 93쪽

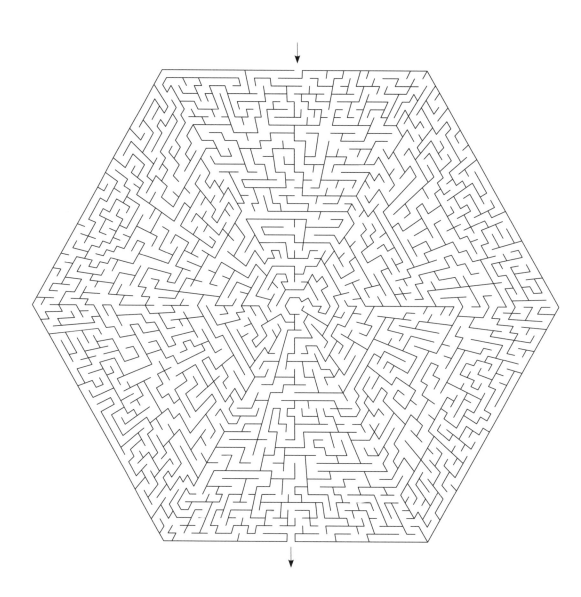

정답 93쪽

서로 다른 부분 **21군데**를 찾으세요.

정답 93쪽

2								8
		8	1		9	3		
	5			4			2	
	8		9		4		7	
		7		1		4		
	6		7		3		1	
	7			8			9	
		5	2		6	7		
3								6

정답 93쪽

		7				1		
	6						9	
2			8	7	9			4
		6	3		5	2		
		2				3		
		9	4		7	8		
1			6	3	8			7
	7						2	
		3				6		

정답 94쪽

그림 모양 힌트: 귀가 긴 동물

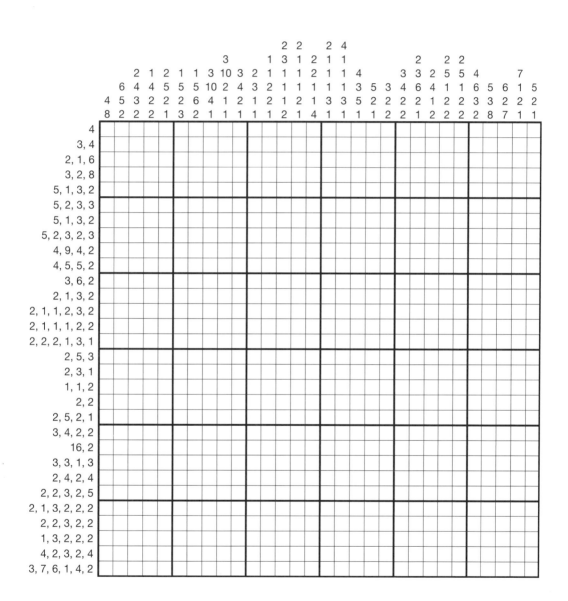

정답 94쪽

정답 94쪽

Across

1 박경리의 대하소설, 구한말 최 참판댁의 가족사이자 민족사를 다룬 작품
2 사업자금이 필요한 이가 인터넷에 제안서를 올리면 소액 기부로 후원금을 조달하는 방식
6 주식, 채권 등 전통적인 금융상품을 기초자산으로 해 기초자산의 가치변동에 따라 가격이 결정되는 금융상품
8 자그레브가 수도인 동유럽의 한 나라
11 엔씨소프트의 대표적인 1세대 장수 온라인 게임
12 컴퓨터의 가상환경 내에서 사용자의 시각, 청각, 촉각 등을 확장, 공유하면서 현실에서 경험하지 못하는 것을 실감나게 체험하도록 하는 기술
13 미국의 제33대 대통령, 2차 세계대전 후 마셜플랜을 기획함
15 기업 용어로 어느 한 쪽이 양보하지 않을 시 모두 파국으로 치닫게 되는 게임이론
17 세계 최초 금속 활자본으로 우리 문화재이지만 현재 프랑스 국립 도서관에서 소장
19 프랑스어로 '검은색', 범죄와 폭력을 다루면서, 도덕적 모호함 등에 초점을 맞추는 영화 장르

Down

1 인디언들의 손도끼와 모양이 유사한 데서 유래한 스테이크의 한 종류
3 커피를 손에 들고 유모차를 끌고 다니는 육아 대디를 뜻하는 말
4 분만 직후부터 생후 4주일까지의 갓 태어난 아기를 이르는 말
5 폐기물과 쓰레기를 방지하는데 초점을 맞춘 환경 운동
7 증권거래소에서 매매할 수 있는 품목으로 지정하는 일
9 이탈리아의 한 도시이자 쌍용자동차에서 나온 미니 SUV 이름
10 상품 및 서비스의 일반적인 가격 수준
14 고양이의 한 품종으로 사교적인 성격으로 호기심이 많음
16 24절기 중 하나로 일 년 중에서 밤이 가장 길고 낮이 가장 짧은 날
17 동물들과 다른 인간의 특성으로 허리를 곧게 펴고 걷는 현상
18 동종·유사산업 분야의 기업간에 결성되는 기업담합 형태

③1 단어 찾기

Motivational

S	U	C	O	F	A	E	O	E	A	C	S	X	D	D
I	E	I	R	R	E	T	A	C	I	D	E	D	E	N
E	T	T	C	E	N	R	I	M	A	F	D	E	U	B
S	A	E	S	I	E	G	N	E	L	L	A	H	C	X
U	V	I	A	U	R	N	C	R	E	A	T	E	L	N
S	I	T	S	E	R	I	C	R	I	S	K	T	O	E
T	T	M	W	D	I	T	L	I	R	E	D	I	A	D
A	O	E	E	R	D	N	L	E	A	D	S	N	E	L
I	M	A	V	E	T	N	S	C	N	I	P	X	E	I
N	E	D	E	W	N	I	B	P	V	R	C	S	E	A
U	E	E	I	O	P	C	M	N	I	I	A	D	T	N
E	G	C	L	P	E	C	E	M	T	R	N	E	T	S
R	T	D	E	M	A	E	I	E	O	I	E	I	L	R
A	E	D	B	E	D	R	E	A	M	C	C	R	S	U
D	C	C	S	U	C	C	E	E	D	I	T	L	I	I

ATTAIN
BELIEVE
CHALLENGE
COMMIT
CREATE
DARE
DEDICATE
DREAM
EMPOWER
ENVISION
EXCITE
FOCUS
INSPIRE
LEAD
LEARN
MOTIVATE
RISK
SUCCEED
SUSTAIN
TRUST

정답 94쪽

☆에서 시작한 다음 O를 만날 때까지 숫자가 커지는 순서대로 점들을 연결하세요.

정답 94쪽

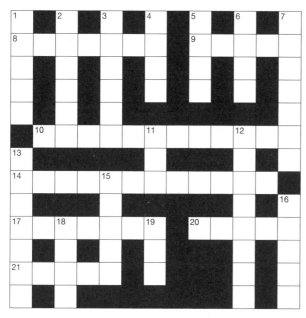

Across

8 '홍보하다, 더 좋은 곳으로 이직하다'라는 뜻
9 '관용어나 숙어'를 나타내는 단어
10 '어원학'을 뜻하는 etymology에서 파생된 형용사
14 형용사지만 명사 앞에는 잘 쓰지 않고 '우연의 일치인'을 뜻하는 말
17 '계좌, 회계장부, 설명하다' 등 다양한 뜻을 지닌 단어
20 '견해나 의견 차이로 나뉘다'라는 뜻의 동사
21 '달걀 모양의'를 나타내는 형용사

Down

1 '거리나 공간, 시간상으로 떨어져'라는 뜻의 부사
2 '범죄나 그릇된 일을 저지르다'라는 뜻, OOOOOO a crime
3 '아래, 하위'를 나타내는 단어
4 '고체나 감정 등이 녹(이)다'라는 뜻의 동사
5 '멋진, 좋은'이라는 뜻과 '벌금'이라는 뜻이 함께 있는 형용사이자 명사
6 '인용하다, 이유를 들다'라는 뜻의 동사
7 비취색을 띤, 투명하고 아름다운 보석
11 들어올리거나 돌려서 여닫는 뚜껑
12 '천천히 기어가다'라는 동사의 현재분사형
13 '8각형'을 나타내는 단어
15 '원인, ~을 야기하다'라는 뜻의 명사이자 동사
16 '공부, 공부하다'는 뜻의 명사이자 동사
18 '박수, 박수치다'라는 뜻을 지닌 단어
19 '꼬리표, 라벨, 이름표, 번호표'를 아우르는 말

정답 94쪽

M	T	S	C	C	E	G	E	L	L	O	C	I	I	E
N	K	S	T	O	U	N	I	V	E	R	S	I	T	Y
N	O	S	L	A	U	R	S	S	E	C	M	E	I	U
O	O	S	G	I	S	R	R	U	C	E	E	K	S	M
I	B	T	S	R	A	S	S	I	R	H	N	S	Q	O
T	T	N	C	E	E	E	E	E	C	O	O	U	A	O
I	X	N	N	E	L	H	S	S	W	U	E	O	L	R
U	E	R	I	E	J	E	C	L	S	S	L	E	L	S
T	T	A	S	O	A	O	E	A	T	M	A	U	N	S
S	N	R	M	R	I	D	R	I	E	R	E	N	M	A
T	E	O	C	A	G	G	O	P	N	T	N	N	O	L
D	R	H	N	E	X	N	O	I	L	C	E	E	T	C
Y	D	U	T	S	S	E	N	N	S	L	L	I	K	S
L	U	N	A	I	W	G	M	E	O	V	C	C	T	N
Y	G	O	G	A	D	E	P	N	R	E	E	I	Y	S

Education

ASSESSMENT
CLASSROOM
COLLEGE
COURSE
CURRICULUM
EXAM
KNOWLEDGE
LEARNING
LESSON
PEDAGOGY
PROJECT
QUESTIONS
RESEARCH
SCHOOL
SKILLS
STUDY
TEACHER
TEXTBOOK
TUITION
UNIVERSITY

정답 95쪽

	7		5		2		3	
8			9		3			5
				1				
7	4						8	3
		3				2		
5	8						6	4
				6				
6			7		5			1
	2		8		4		5	

정답 95쪽

7								9
		3		7		6		
	4		1		3		2	
		4		6		3		
	9		8	5	7		6	
		8		1		2		
	8		2		5		7	
		1		8		5		
5								2

정답 95쪽

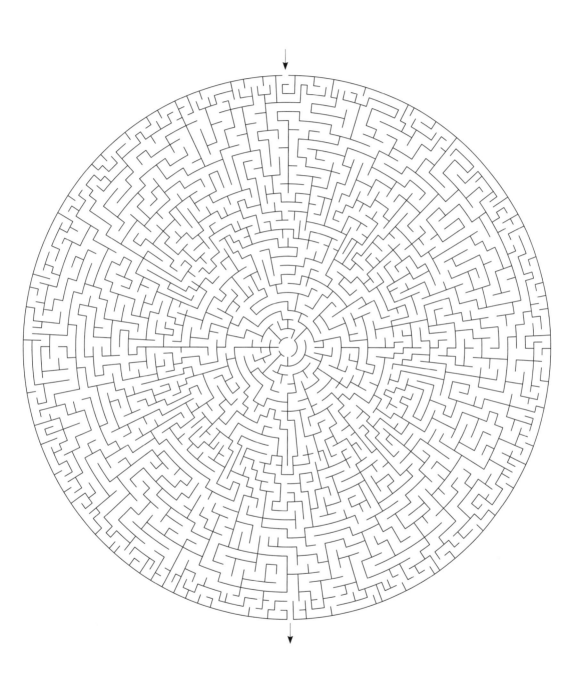

정답 95쪽

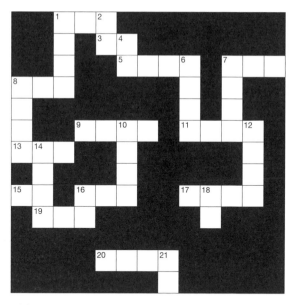

Across

1 벨기에의 수도
3 더위를 피해 시원한 곳으로 간다는 뜻
5 스포츠 외교를 뜻하는 말로 탁구를 통해 미-중 수교를 재개한 사건
7 건물과 같은 특정 위치에서 자연 등 밖의 경관을 볼 수 있는 권리
8 일기(로그)처럼 관심사를 자유롭게 기록할 수 있는 웹 공간
9 경기 부양을 위한 양적완화 정책의 규모를 점진적으로 축소해 나가는 것
11 증권을 발행하는 기업의 정치·경제적 요소를 고려해 발행자의 신인도를 등급으로 나타내는 것
13 서/중부 유럽의 한 국가로 수도는 베른, 중립국의 이미지가 강한 나라
15 색의 3속성의 하나로 색의 선명도를 나타내는 척도
16 편지글과 같은 말
17 블록체인을 기반으로 암호화 기술을 사용해 만든 디지털 화폐로 비트코인이 대표적
19 '그 시대에 유행하는 말'이라는 뜻
20 한 부분에서 문제 해결 시 또 다른 곳에서 문제가 발생하는 현상

Down

1 '비디오'와 '블로그'의 합성어로 일상을 동영상으로 찍은 것
2 셀프 카메라(Self Camera)에서 나온 말로 스스로 자신을 촬영한 사진
4 타원형의 보드를 타고 파도 속에서 즐기는 스포츠
6 '벗을 사귐에 신의(信義)로써 사귄다'라는 뜻의 사자성어
7 모든 국민에게 조세 부담이 공평하게 배분되어야 한다는 ○○○○주의
8 서로 다른 통신 장치를 하나의 무선통신 규격으로 통일한다는 뜻, '푸른 치아'에서 유래
10 '이전까지는 전혀 없었던 놀라운 일'을 이르는 사자성어
12 인터넷 사이트, 온라인 게임 등 가상 공간에서 쓰이는 화폐
14 대도시 주변의 중소 도시로 대도시의 기능을 분산하는 역할
16 구슬이 ○○이라도 꿰어야 보배
18 감자나 고구마를 캘 때 쓰는 농기구로 최근 아마존 원예용품 TOP10에 올라 화제
21 어떤 재화의 수요자 또는 공급자가 소수인 상황

정답 95쪽

It's symmetrical

E	K	S	A	M	C	S	S	E	N	C	N	E	S	I
A	K	A	R	D	N	O	M	A	I	D	O	L	L	F
E	W	A	K	A	N	W	C	L	T	P	R	C	R	Y
I	A	F	L	T	L	E	S	T	A	W	E	R	H	L
F	T	O	A	F	E	U	A	I	R	L	T	I	W	F
F	W	A	N	U	W	A	C	R	E	A	T	C	L	R
E	A	E	J	A	R	O	G	O	C	S	E	T	E	E
L	S	I	S	M	P	L	N	K	N	H	L	H	T	T
T	H	A	J	T	A	R	R	S	O	I	K	E	T	T
O	E	T	V	S	O	H	S	A	E	N	B	A	E	U
W	R	H	S	I	E	E	A	P	A	O	H	F	R	B
E	E	E	U	L	E	R	I	L	H	C	S	T	W	E
R	S	Q	U	A	R	E	S	S	R	E	Y	O	D	T
T	E	L	G	N	A	T	C	E	R	E	R	M	E	I
S	P	O	R	T	S	C	O	U	R	T	C	E	W	K

ARCH
BINOCULARS
BUTTERFLY
CIRCLE
DIAMOND
EIFFEL TOWER
GLASSES
HEART
KITE
LETTER O
LETTER W
MASK
RECTANGLE
SNOWFLAKE
SPHERE
SPORTS COURT
SQUARE
TAJ MAHAL
VASE
WASHER

정답 95쪽

☆에서 시작한 다음 O를 만날 때까지 숫자가 커지는 순서대로 점들을 연결하세요.

정답 96쪽

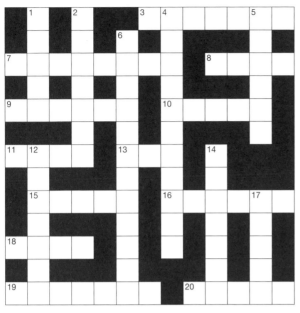

Across

3 teach와 유사한 '교육하다, 가르치다'라는 뜻의 단어
7 '비하하다, 화학적으로 분해되다'라는 뜻의 동사의 3인칭 단수형
8 빨간색을 띠는 투명한 보석
9 원숭이가 좋아하는 노랗고 긴 열대 과일
10 '물체나 몸을 들어올리다, 일으키다, 양이나 수준 등을 높이다'라는 다양한 뜻이 있는 동사
11 '전화하다, 전화 통화'를 뜻하는 단어
13 식당이나 호텔 등에서 서비스를 제공한이에게 감사의 의미로 주는 돈
15 '곤충이나 식물, 바늘, 가시 등으로 찌르다'라는 뜻의 동사
16 '특정 질병에 면역성이 있는' 뜻의 형용사, ○○○○○○ System은 '면역체계'
18 검은색과 흰색을 섞으면 나오는 색
19 '쓸모 없는, 소용없는'이라는 뜻의 형용사, use에서 파생
20 '폭발'의 뜻을 지닌 explosion과 같은 뜻의 단어

Down

1 '원형 경기장이나 공연장', 비슷한 단어는 stadium
2 비행기로 우편물을 실어 나르는 우편이나 그 서비스
4 '사건 등에 대해 말이나 글로 하는 설명, 서술, 기술' 등의 뜻을 지닌 명사
5 갤럭시탭, 아이패드 등은 ○○○○○○ PC
6 '이로운, 유리한'이라는 뜻의 형용사
12 '액체나 가스 등을 흡수하다, 정보를 받아들이다'라는 동사의 3인칭 단수형
14 '제거, 철폐, 해고' 등의 뜻을 지닌 명사
17 지적, 기술적으로 어느 하나에 깊게 빠져 다른 일엔 관심 없는 사람을 뜻하는 복수형, 비슷한 말로 geeks가 있음

정답 96쪽

H	N	G	S	T	E	E	P	L	E	C	E	A	H	H
R	O	T	C	L	O	R	T	N	O	C	N	O	G	I
T	I	B	R	N	R	O	D	A	R	I	M	S	I	E
E	T	L	O	A	S	L	H	R	C	E	K	C	H	R
R	A	A	L	L	N	C	T	L	S	Y	U	I	S	I
R	V	E	T	E	R	S	L	P	S	E	C	E	I	F
U	R	O	B	U	B	R	M	C	A	S	R	C	G	A
T	E	M	H	S	K	A	R	I	B	G	O	D	N	L
U	S	C	L	E	S	A	L	E	S	O	O	I	A	S
R	B	H	P	H	P	H	L	S	L	S	E	D	L	I
K	O	Y	U	E	G	F	E	I	G	T	I	A	A	E
C	B	K	R	H	R	R	N	D	C	E	R	O	R	G
O	E	D	S	Y	Y	G	L	W	A	T	C	H	N	E
L	I	G	H	T	H	O	U	S	E	R	I	P	S	I
C	E	W	I	N	D	T	U	R	B	I	N	E	K	O

Types of Tower

BELFRY
BELL
CHURCH
CLOCK
CONTROL
COOLING
FIRE
LIGHTHOUSE
MIRADOR
OBSERVATION
PAGODA
SIEGE
SIGNAL
SKYSCRAPER
SPIRE
STEEPLE
TRANSMISSION
TURRET
WATCH
WIND TURBINE

정답 96쪽

☆에서 시작한 다음 ○를 만날 때까지 숫자가 커지는 순서대로 점들을 연결하세요.

Across
2 조지오웰의 대표 소설, 우화로 당대 정치적 현실을 풍자
4 동영상과 음악 감상, 콘텐츠 업로드가 가능한 전 세계적인 동영상 플랫폼
6 총의 방아쇠를 뜻하는 말, 어떤 사건을 유발한 계기나 도화선
9 신조어로 일하지 않고 일할 의지도 없는 청년 무직자를 이르는 말
11 임기만료를 앞둔 공직자를 절뚝거리는 오리에 비유하는 말
12 시간과 장소를 탄력적으로 선택하는 근무 형태로 빨간색(일)과 파란색(가정)을 섞으면 나오는 색에서 유래
14 곰은 싸울 때 아래로 내려 찍는 자세를 취한다는 것을 빗대 하락장
15 조선 선조 때의 대표적 무신으로 임진왜란에서 거북선으로 큰 공을 세움
19 선물시장의 급등락이 현물시장에 과도하게 파급되는 것을 막기 위한 안전장치
20 이탈리아식 샌드위치로 빵 사이에 치즈, 야채, 햄 등의 재료를 간단하게 넣어 만듦

Down
1 IoT(Internet of Things)는 ○○ 인터넷
3 정규시장인 유가증권시장과 코스닥시장 이외의 장소에서 이루어지는 증권거래
4 상상 속의 동물로 실리콘밸리에서 큰 성공을 거둔 스타트업을 이르는 말
5 '영국(Britain)'과 '탈출(Exit)'의 합성어. 영국의 유럽연합 탈퇴를 의미
7 서류 형태로만 존재하며 회사기능을 수행하는 회사. ○○○컴퍼니
8 윤리적으로나 법적으로 자신이 해야 할 최선의 의무를 다하지 않은 행위
10 자신의 가족 또는 혈족을 우선시 하는 행태. ○○주의, ○○경영
11 정보의 비대칭으로 저품질 재화나 서비스가 거래되는 시장을 빗댄 표현, 중고차 시장이 대표적
13 하나의 업무를 시간대별로 2명 이상의 파트타임 근로자가 나누어 하는 것
16 조선 중기의 화가이자 문인, 율곡 이이의 어머니
17 구글이 개발한 스마트폰 OS
18 1980년대 초부터 2000년대 초 사이에 출생한 세대로, IT기술의 급격한 변화와 함께 성장

정답 96쪽

Yoga Class

A	T	N	E	M	E	V	O	M	E	A	U	A	T	R
M	A	T	R	E	T	S	L	O	B	B	T	O	E	M
G	T	V	I	N	Y	A	S	A	A	N	O	H	A	L
B	R	E	A	T	H	I	N	G	H	F	C	I	T	T
N	C	T	L	E	B	H	S	E	E	A	E	T	S	N
O	N	S	E	V	A	W	R	R	E	A	S	C	T	O
T	A	E	T	S	F	T	A	T	A	E	L	O	R	B
I	M	E	X	N	N	B	T	T	S	E	T	T	E	A
R	A	A	A	E	A	H	T	O	E	T	T	A	T	L
K	S	S	K	S	R	P	P	S	U	R	S	N	C	A
S	T	A	S	C	A	C	A	V	I	E	U	B	H	N
N	E	S	T	T	O	N	I	G	R	A	C	V	R	C
A	N	B	C	T	M	L	A	S	O	C	O	R	T	E
S	B	B	A	O	C	N	B	A	E	Y	F	W	A	E
F	E	P	O	S	T	U	R	E	I	A	R	N	A	R

ASANA
BALANCE
BAREFOOT
BELT
BLOCK
BOLSTER
BREATHING
EXERCISE
FOCUS
MAT
MOVEMENT
NAMASTE
POSE
POSTURE
SANSKRIT
STRETCH
TEACHER
VINYASA
WATER
YOGA PANTS

정답 96쪽

☆에서 시작한 다음 O를 만날 때까지 숫자가 커지는 순서대로 점들을 연결하세요.

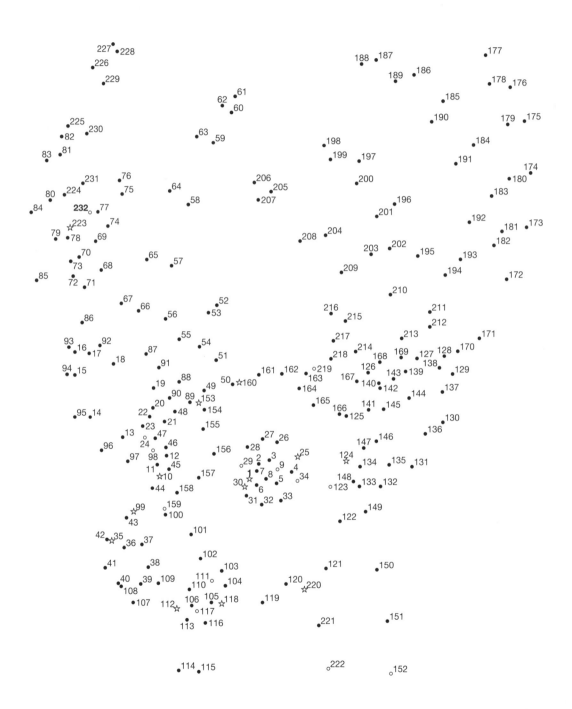

정답 97쪽

그림 모양 힌트: 무도회장

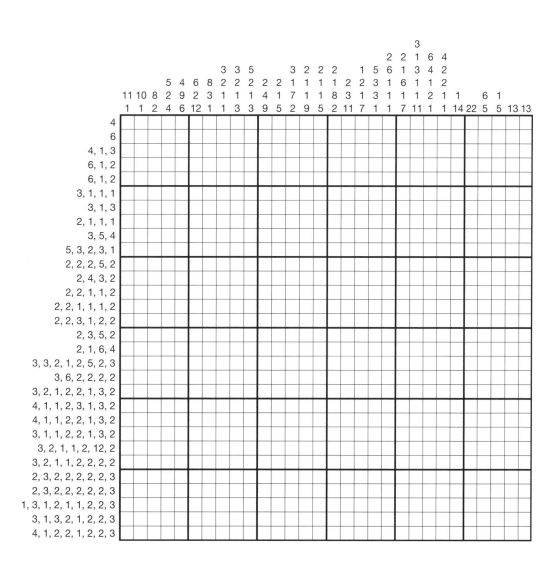

정답 97쪽

서로 다른 부분 **16군데**를 찾으세요.

정답 97쪽

Across

2 '도저히 일어날 것 같지 않은 일이 일어난다'는 뜻으로 서브프라임 모기지 사태가 대표적인 예시
4 컴퓨터가 마치 사람처럼 생각하고 배울 수 있도록 하는 기술
5 폴란드 출신의 작곡가이자 피아니스트로 〈녹턴〉, 〈왈츠〉 등이 대표작
6 금융과 기술의 합성어로, 금융과 IT의 결합으로 새로 등장한 산업
7 파생금융시장에서 쓰이는 용어로 '살 수 있는 권리'
9 비트코인은 ○○○○ 기반 기술로 금융이나 핀테크, 사물 인터넷 등에도 사용
11 일본 경제를 장기침체에서 탈피시키겠다는 아베 신조 전 총리의 경제정책
12 '적을 알고 나를 알아야 한다'는 뜻의 사자성어
15 윷놀이에서 도나 개나 말을 잡을 수 있는 거리가 별 차이가 없다는 뜻
16 '우공이 산을 옮긴다'는 뜻의 사자성어, 쉬지 않고 꾸준히 한 가지 일을 하면 언젠가는 목적을 달성한다는 뜻
17 기존 영화나 드라마에서 새롭게 파생되어 나온 작품을 뜻하는 말
18 지중해를 접하고 있는 국가로 수도는 아테네

Down

1 기업이 실적을 발표할 때 예상보다 저조한 실적을 발표하는 것
2 현재 존재하지 않거나 덜 알려져 경쟁자가 없는 유망한 시장
3 바둑 용어로 집이나 돌이 완전히 살아 있다는 뜻
8 미국 두 번째 여성 전 연방대법관, 양성평등과 소수자를 위해 힘쓴 인물
10 신용 카드 발급 시 서비스 혜택만 누리고, 카드는 사용하지 않는 고객을 가리킴
13 넓은 의미로는 기업의 전반적 경영 내용 공개, 좁은 의미로는 주식 공개
14 영화나 연극에서 하나의 주제로 몇 개의 독립된 짧은 이야기를 늘어놓는 것

정답 97쪽

Feeling Patient

```
G M E E V I S S I M B U S U T
N E I G N I V I G R O F I N I
I N V P G M L A C D D D D H E
T T U E N E N E R E S T U I I
A N Y T N R I N V C V T N R C
D S E L D T S R A L R B E R D
O T L T E E E E A I D I I I O
M O D A S R N M V E B E N E E
M L E D C I U I P E B E E D N
O E S L K I S S A E R R L S M
C R O I E E O R I R R I O O E
C A P M E S U T E E T E N F E
A N M R K I N D S P L S D G N
E T O N L A I N D U L G E N T
N A C G N I O G Y S A E E R I
```

ACCOMMODATING
CALM
COMPOSED
EASY-GOING
EVEN-TEMPERED
FORBEARING
FORGIVING
INDULGENT
KIND
LEISURELY
LENIENT
MILD
PERSEVERING
PERSISTENT
RESTRAINED
SERENE
STOICAL
SUBMISSIVE
TOLERANT
UNHURRIED

정답 97쪽

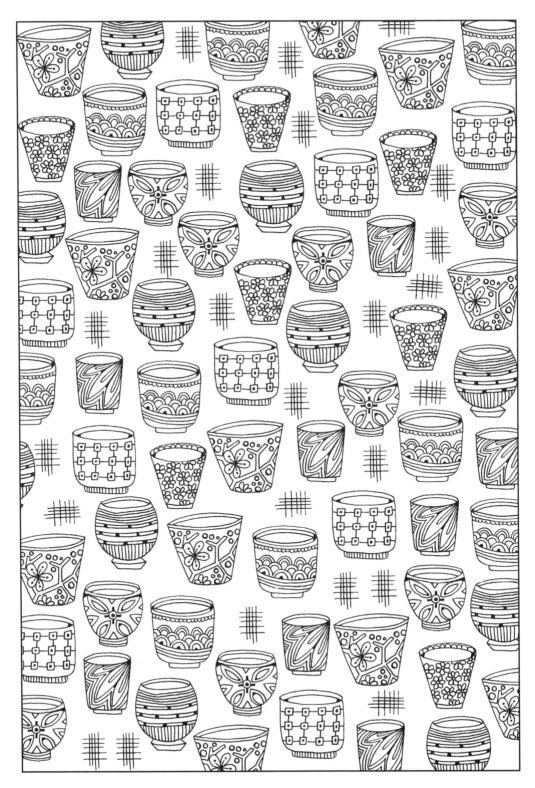

☆에서 시작한 다음 O를 만날 때까지 숫자가 커지는 순서대로 점들을 연결하세요.

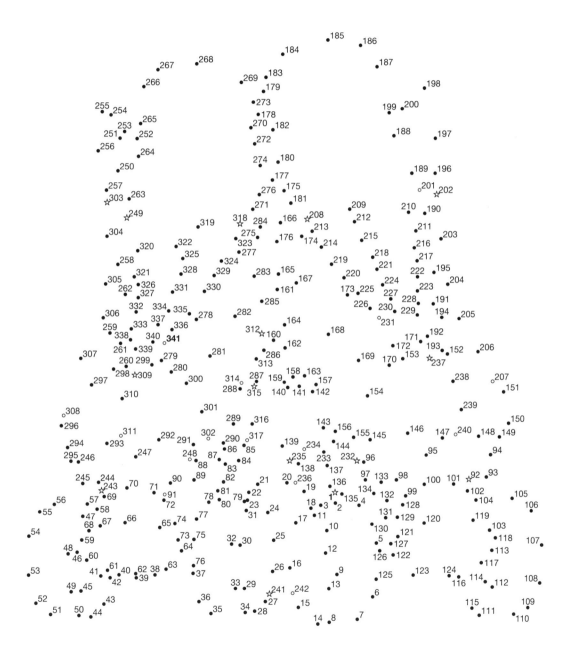

정답 97쪽

서로 다른 부분 **15군데**를 찾으세요.

정답 98쪽

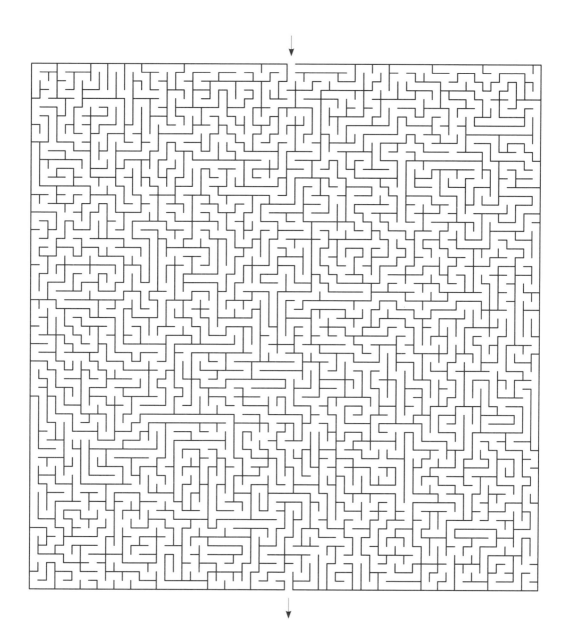

정답 98쪽

Across

6 '무섭게 하다, 겁먹게 하다'라는 뜻으로 명사형은 terror
7 이탈리아를 비롯한 지중해 국가들의 요리에서 많이 쓰이는 열매
8 '유형, 종류'의 뜻을 지닌 명사의 복수형
9 일상에서 많이 쓰는 말로 '전반적인 세부사항'을 뜻하는 복수 명사
10 '대통령'을 뜻하는 단어의 형용사형으로 '주재하는, 지배하는'이라는 뜻을 지님
14 '암호 작성술 또는 암호 해독술'을 뜻하는 명사
17 '폭탄이 터지다' 혹은 '폭발처럼 강하게 감정을 분출하다'라는 뜻의 단어
19 인간과 가까운 가축으로 예전엔 사냥과 군사용도로 많이 쓰임
20 '유령, 혼령'을 뜻하며 비슷한 단어는 ghost

Down

1 '상태, (미국 등의) 주, 선언하다'의 다양한 뜻을 지닌 단어
2 '적절한, 올바른' 등의 뜻을 지닌 형용사
3 '편견'이라는 뜻의 명사 복수형, 유사한 단어는 prejudices
4 무명이나 목화솜을 원료로 한 실이나 그 실로 짠 천
5 껍질은 갈색, 과육은 초록색으로 비타민C가 풍부한 과일
11 '구멍을 파다, 땅에서 파내다'라는 뜻의 동사
12 '재산이나 신체적 특성을 유전적으로 물려받다'라는 뜻의 동사의 3인칭 단수형
13 말이나 글에서 다른 부분에 비해 특히 강조되는 발음을 나타내는 명사
15 '비록 ~일지라도'의 뜻을 지닌 접속사
16 스포츠 경기나 회사 등에서 함께 경기하거나 일하는 무리
18 '지불하다, 지급하다'라는 동사의 과거/과거분사형

정답 98쪽

The Universe

T	S	R	D	A	R	K	M	A	T	T	E	R	E	S
R	E	S	S	U	P	E	R	N	O	V	A	E	A	T
S	L	N	O	A	S	D	I	O	V	G	S	B	L	A
S	O	M	N	L	N	L	T	T	R	P	M	M	U	R
S	H	C	A	E	A	T	L	E	O	I	O	U	B	S
P	K	O	L	S	E	R	I	T	P	O	T	I	E	H
A	C	T	O	U	T	A	S	M	H	T	A	L	N	A
C	A	L	N	S	S	L	S	Y	A	G	H	E	C	A
E	L	O	U	I	R	T	P	N	S	T	I	H	R	P
S	B	I	L	I	A	A	E	L	O	T	T	L	O	A
B	Q	D	S	A	A	S	S	R	A	T	E	E	L	L
G	A	L	A	X	I	E	S	A	S	N	O	M	R	A
N	E	G	O	R	D	Y	H	E	U	M	E	H	N	M
E	M	I	T	I	O	A	S	G	S	Q	G	T	P	E
S	E	A	V	S	B	I	G	B	A	N	G	T	S	R

ANTIMATTER
ATOMS
BIG BANG
BLACK HOLES
CLUSTERS
DARK MATTER
GALAXIES
HELIUM
HYDROGEN
LIGHT
NEBULAE
PHOTONS
PLANETS
QUASARS
SOLAR SYSTEM
SPACE
STARS
SUPERNOVAE
TIME
VOIDS

정답 98쪽

☆에서 시작한 다음 O를 만날 때까지 숫자가 커지는 순서대로 점들을 연결하세요.

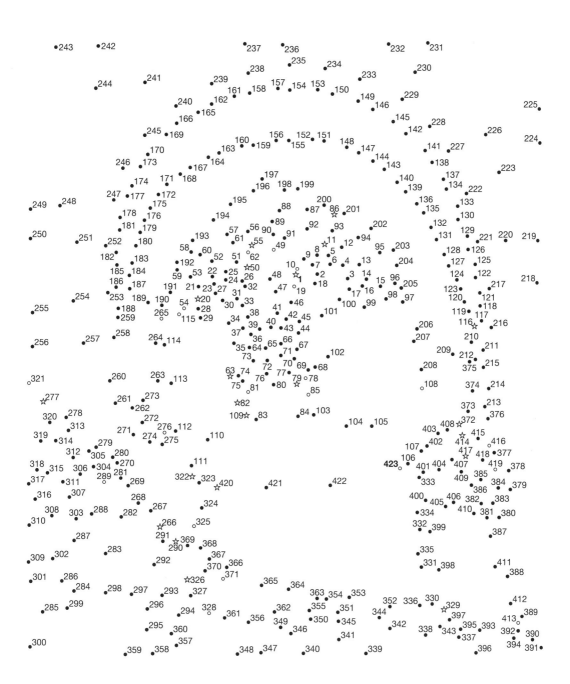

☆에서 시작한 다음 ○를 만날 때까지 숫자가 커지는 순서대로 점들을 연결하세요.

61 스도쿠

	5		9		4		3	
2		8		7		6		4
	6						9	
6				9				2
	2		1		7		6	
4				2				5
	4						1	
5		9		3		4		7
	3		4		9		8	

정답 99쪽

62 스도쿠

9				3				7
		1				8		
	5		9		8		4	
		8	1		7	4		
5								8
		4	8		3	9		
	7		6		5		9	
		5				6		
3				1				2

정답 99쪽

☆에서 시작한 다음 ○를 만날 때까지 숫자가 커지는 순서대로 점들을 연결하세요.

☆에서 시작한 다음 O를 만날 때까지 숫자가 커지는 순서대로 점들을 연결하세요.

그림 모양 힌트: 꼬리가 길고 바나나를 좋아하는 동물

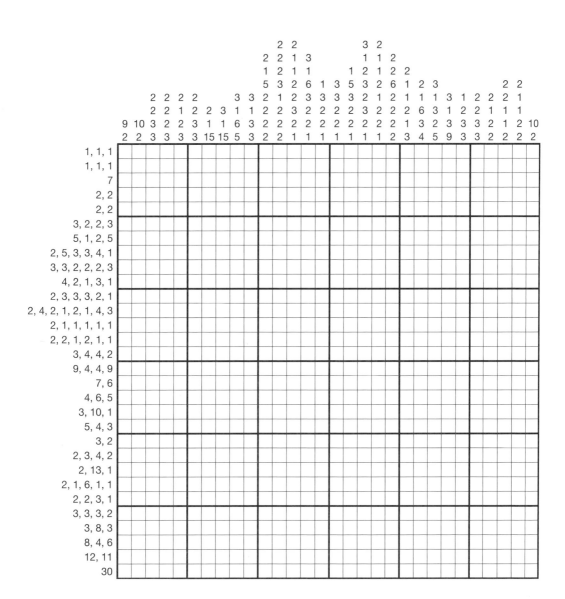

67 숫자 연결 하기

☆에서 시작한 다음 O를 만날 때까지 숫자가 커지는 순서대로 점들을 연결하세요.

정답 99쪽

		9		5		3		
	4			8			5	
8			6		1			9
		1				8		
6	8						3	7
		2				6		
5			8		7			4
	2			6			1	
		3		9		5		

정답 100쪽

	5		6		7		8	
9	7			8			5	3
				4				
4				2				5
	6	2	5		9	8	4	
7				6				2
				7				
5	4			9			1	6
	9		4		2		7	

정답 100쪽

☆에서 시작한 다음 ○를 만날 때까지 숫자가 커지는 순서대로 점들을 연결하세요.

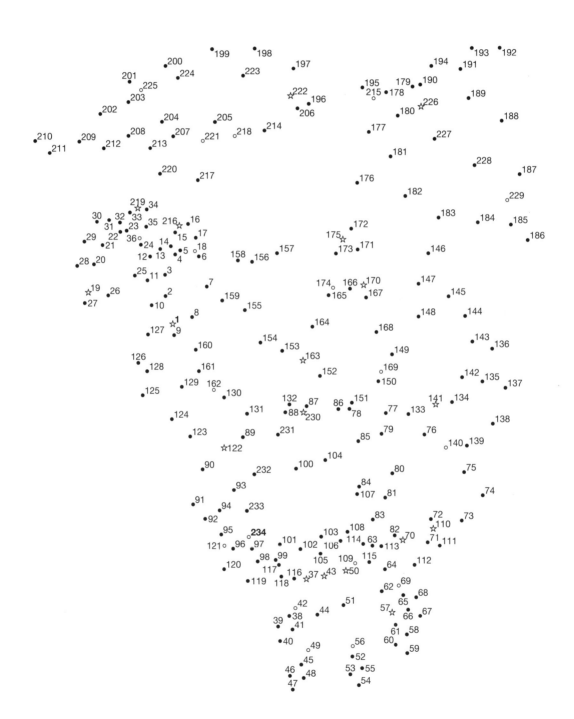

정답 100쪽

Austrrailian Animal

```
E C H I D N A B I R B I R M O
B Q Y N A R R U B A K O O K D
O I B R L L O U Q T U M E N K
D E L B A M A O A T K N G B C
A A G B U W A K A K T A O M A
P K D S Y L O B I O T P L O B
T L S N A K M S O O O I Y A D
O O A O G O A C S D K A R U E
P Q K T W N I N I A T T E S R
S K T P Y D O N G E C P B T A
K A N C N P G T U A P O I G K
U R D A K O U P T Q R U R Y K
A O B O O L A S A E A O D L O
B W A L L A B Y P D B U O R U
A K W G S K I N K A R A D N Q
```

BANDICOOT
BETTONG
BILBY
CASSOWARY
DINGO
ECHIDNA
EMU
KANGAROO
KOALA
KOOKABURRA
LYREBIRD
PLATYPUS
POSSUM
QUOKKA
QUOLL
REDBACK
SKINK
TAIPAN
WALLABY
WOMBAT

정답 100쪽

Rhetorical Devices

```
L E O P A R A T A X I S I S G
A A H R E S M E T A P H O R Y
R M S P E M P I S O C O L O N
C H I A S M U S E T O T I L A
O A A H Y P E R B O L E O A N
A L N P Y N A Z A I N S G T E
A M H A O G E R S T Y O E Z C
A S E O P U O I A L I G A P D
I A T T G H X L L D A O I U O
R N T M O U O E A L O R E D T
O O A M E N P R L N O X X A E
P E A Z Y S Y A A N A O R O E
A L I P I A N M Y A N N X O O
R P O S P E O X Y M O R O N U
E A S Y N D E T O N R E G E O
```

ANALOGY
ANAPHORA
ANECDOTE
APORIA
ASYNDETON
CHIASMUS
ENALLAGE
EPIZEUXIS
HYPERBOLE
IRONY
ISOCOLON
LITOTES
METAPHOR
METONYMY
OXYMORON
PARADOX
PARATAXIS
PLEONASM
SYLLEPSIS
ZEUGMA

정답 100쪽

숫자 연결 하기

☆에서 시작한 다음 O를 만날 때까지 숫자가 커지는 순서대로 점들을 연결하세요.

정답 100쪽

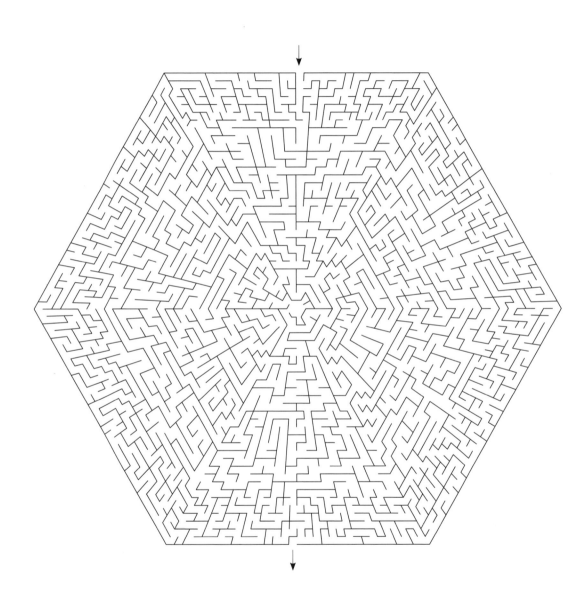

정답 101쪽

☆에서 시작한 다음 O를 만날 때까지 숫자가 커지는 순서대로 점들을 연결하세요.

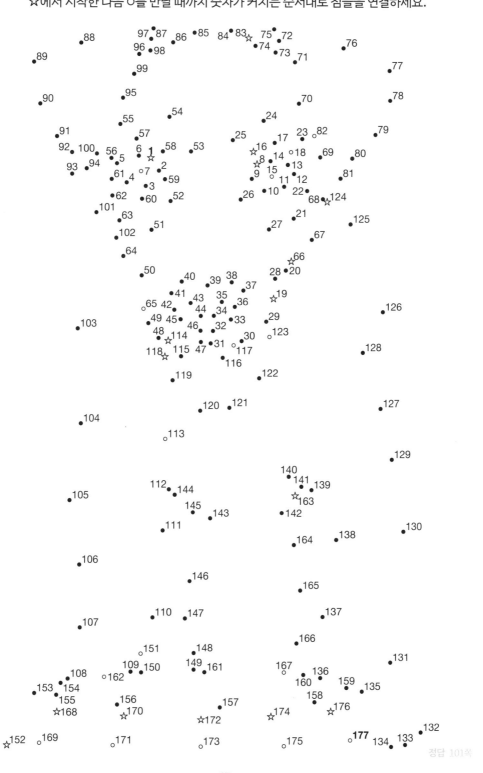

정답 101쪽

서로 다른 부분 **10군데**를 찾으세요.

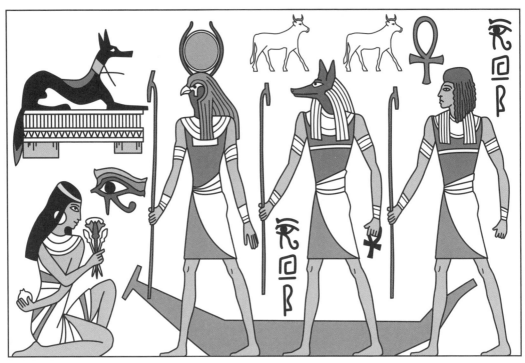

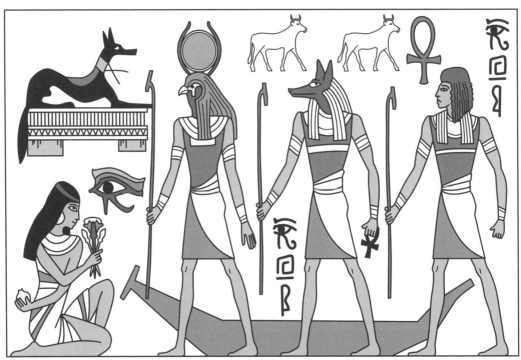

정답 101쪽

☆에서 시작한 다음 ○를 만날 때까지 숫자가 커지는 순서대로 점들을 연결하세요.

정답 101쪽

그림 모양 힌트: 밸런타인데이의 선물

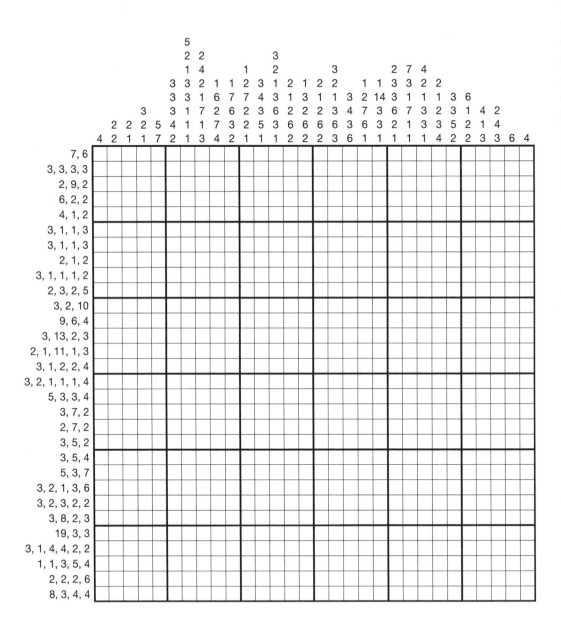

정답 101쪽

```
B A N E B R E V B O N C A M R
S L E N N E F E R S M H W O O
B R L E M O N G R A S S S N B
A Y G M S O B I O O R E T G T
N C N N F K B O N S M H Y U W
O H E R S C I W A A Y A R B T
M A S C M O E G R M R M A S M
A M N I B D E Y E R E R S O P
N O I A S R R U O R A U R M I
N M G U A U C W I A C I S I H
I I S I S B A C B S N A E N E
C L R N M S M S I G N I F T S
I E Y E L R A B A T H I S E O
T N O R G M I E T A E W I E R
E H A W T H O R N A E I I O C
```

Herbal Tea

ANISE
BARLEY
BURDOCK
CHAMOMILE
CINNAMON
FENNEL
GINSENG
HAWTHORN
HIBISCUS
LEMONGRASS
MINT
MORINGA
ROOIBOS
ROSE HIP
ROSEMARY
SAGE
THYME
TURMERIC
VERBENA
YARROW

정답 101쪽

```
M M O I M N O R U E N S E H O
E S M E M B E T L I P I D S M
O L N N O M I T O S I S E E O
U E O T I M M O D U S O L M I
G E A U A E H O M S N I I O E
L N N E C T E L E E O B M L N
S G Z O N A I V I S Z M E E O
I C Y O M Z V B O A S Y A C M
S L G M S O Y C A L E S N U R
O O O U O M R M G H U N D L O
I U T E T H O E E U I T N E H
E E E O C N U S H O I I I A G
M S I N A G R O I P S T L O O
E M O N E G O S I S G B I E N
T T S I E E A L L E C M E T S
```

Biology Term

BIOME
DNA
ENZYME
EVOLUTION
GENE
GENOME
HABITAT
HORMONE
LIPID
MEIOSIS
MITOSIS
MOLECULE
NEURON
ORGANISM
OSMOSIS
PHEROMONE
STEM CELL
SYMBIOSIS
VACUOLE
ZYGOTE

정답 102쪽

서로 다른 부분 **10군데**를 찾으세요.

정답 102쪽

그림 모양 힌트: TV 속 동물

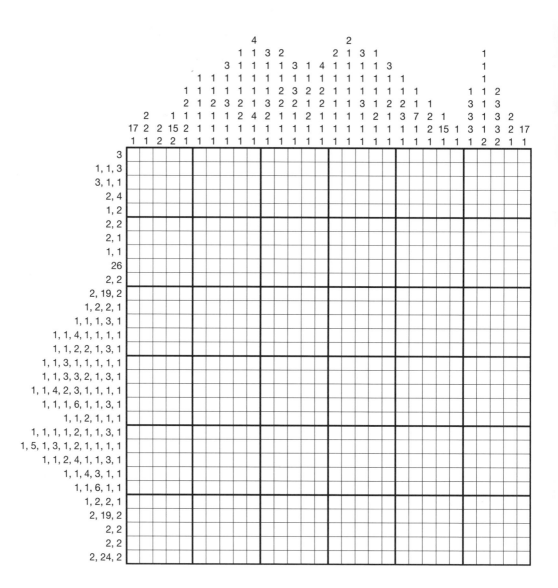

정답 102쪽

85 다른 그림 찾기

서로 다른 부분 **11군데**를 찾으세요.

정답 102쪽

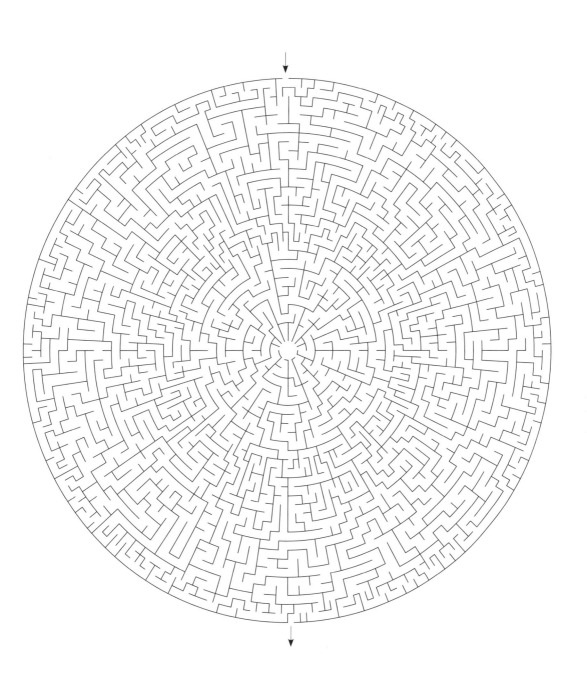

정답 102쪽

☆에서 시작한 다음 ○를 만날 때까지 숫자가 커지는 순서대로 점들을 연결하세요.

정답 102쪽

그림 모양 힌트: 휴식 시간

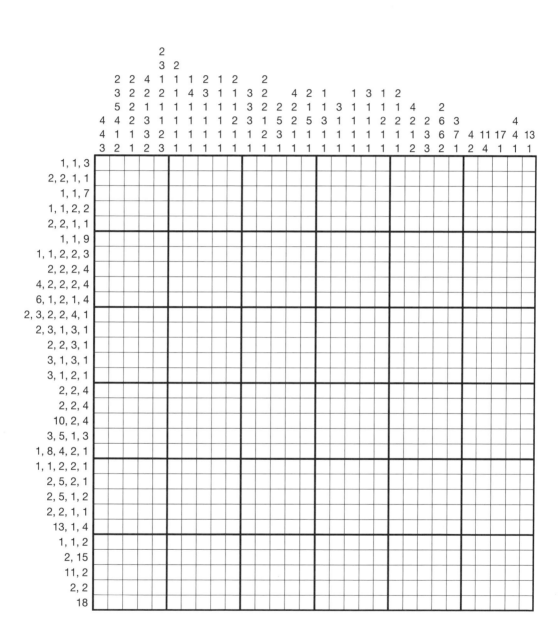

정답 103쪽

다른 그림 찾기

서로 다른 부분 **15군데**를 찾으세요.

정답 103쪽

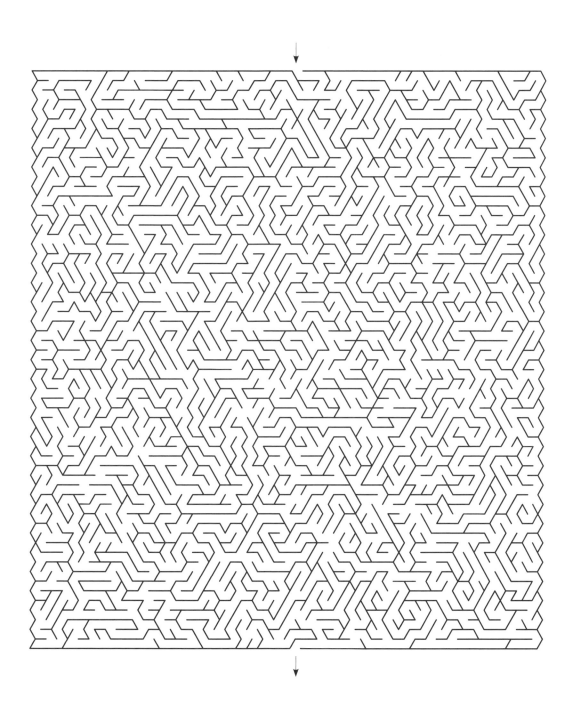

정답 103쪽

다른 그림 찾기

서로 다른 부분 **15군데**를 찾으세요.

정답 103쪽

☆에서 시작한 다음 ○를 만날 때까지 숫자가 커지는 순서대로 점들을 연결하세요.

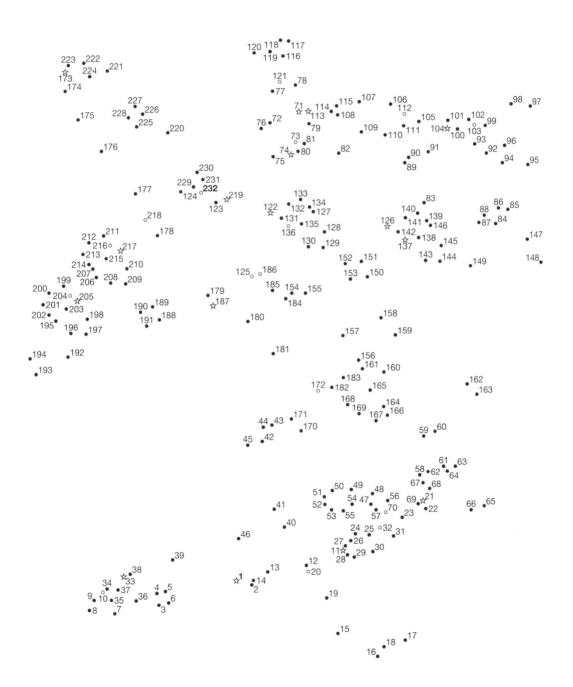

정답 103쪽

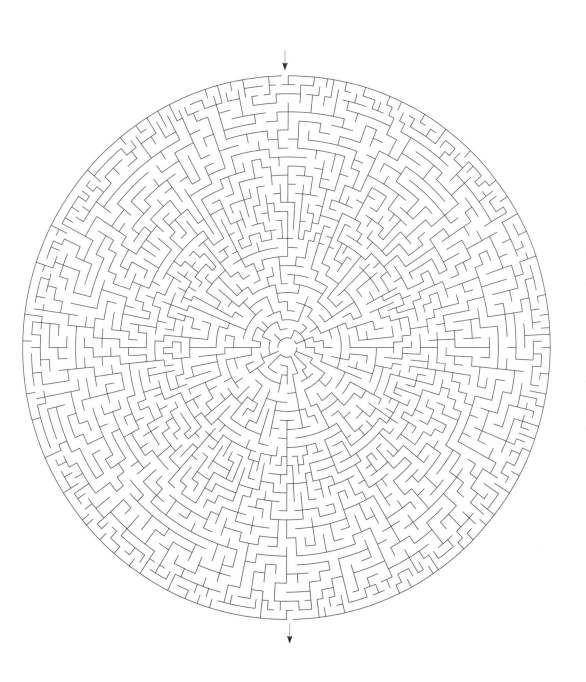

정답 103쪽

		5		6		8		
	7		3		5		4	
2			7		8			5
	8	3				2	1	
9								8
	5	1				6	9	
7			1		3			9
	4		9		6		8	
		9		8		1		

정답 104쪽

		7				8		
			8	5	1			
4		8		7		1		3
	9		5		3		8	
	5	2				3	9	
	7		2		9		4	
2		3		9		4		5
			1	3	2			
		1				9		

정답 104쪽

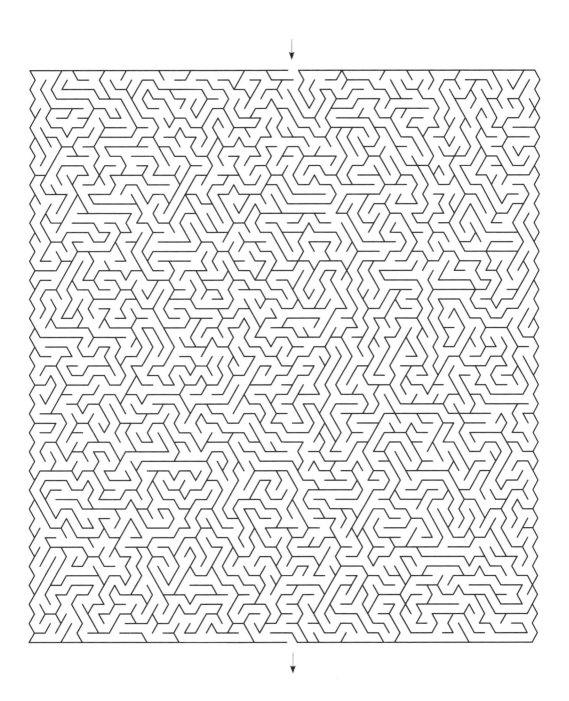

정답 104쪽

서로 다른 부분 **10군데**를 찾으세요.

정답 104쪽

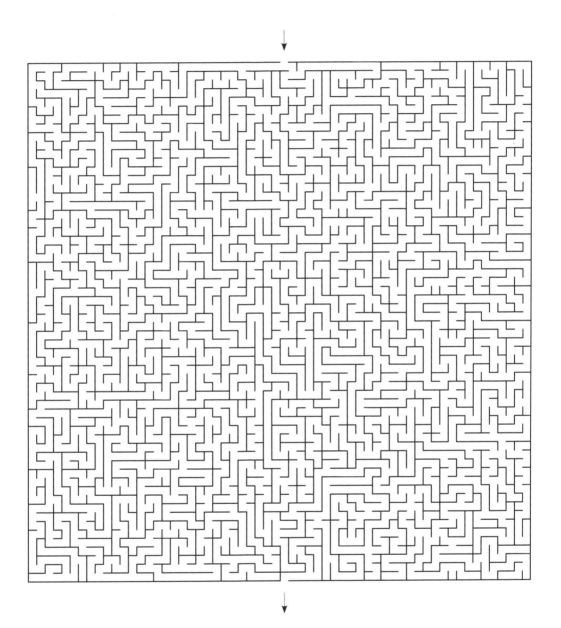

정답 104쪽

고양이
01

02
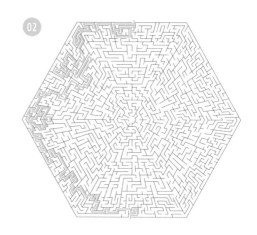

03

04

9	1	7	2	4	6	5	3	8
2	6	8	5	7	3	1	4	9
5	4	3	8	9	1	2	7	6
6	7	5	1	2	9	4	8	3
3	2	4	7	8	5	9	6	1
8	9	1	6	3	4	7	5	2
4	3	2	9	5	8	6	1	7
7	5	6	3	1	2	8	9	4
1	8	9	4	6	7	3	2	5

05

3	1	2	7	5	6	4	8	9
4	9	6	8	2	3	7	1	5
7	8	5	1	4	9	3	6	2
8	5	9	6	3	7	1	2	4
6	3	1	4	8	2	5	9	7
2	4	7	5	9	1	6	3	8
9	2	4	3	1	5	8	7	6
5	6	3	9	7	8	2	4	1
1	7	8	2	6	4	9	5	3

리본 자르기
06
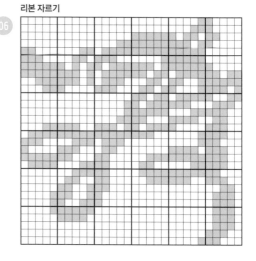

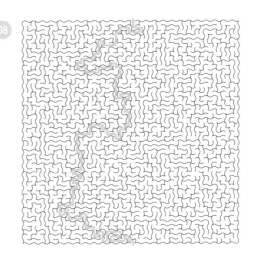

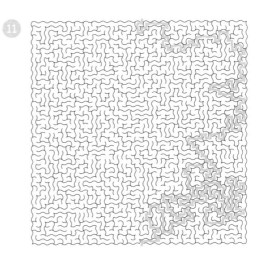

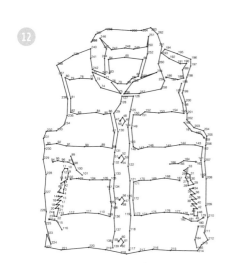

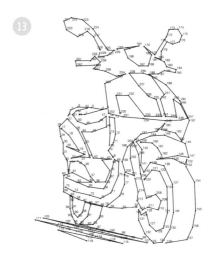

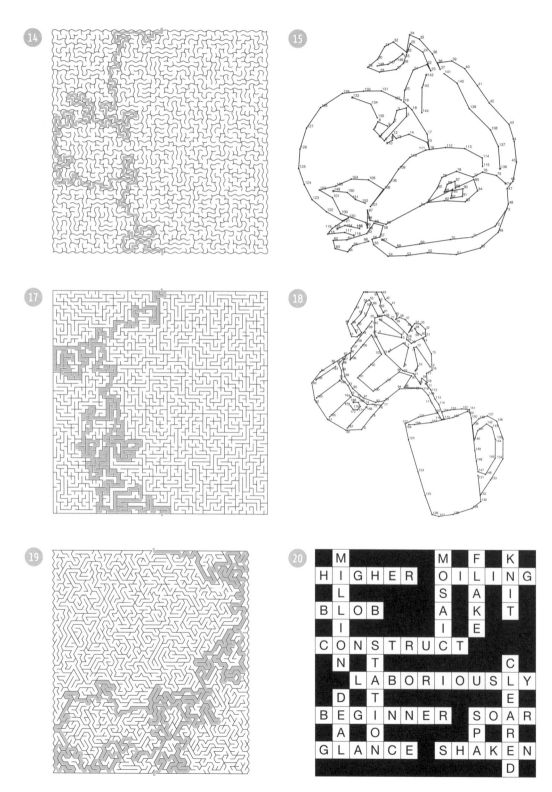

21

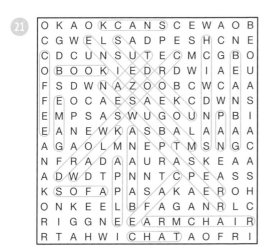

22 경기 우승

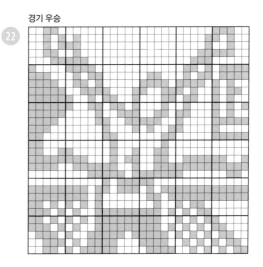

24 우주인

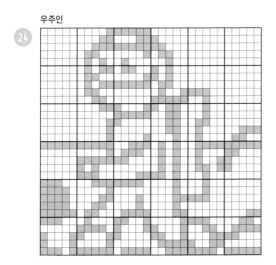

25

26

27

2	9	1	5	3	7	6	4	8
6	4	8	1	2	9	3	5	7
7	5	3	6	4	8	9	2	1
1	8	2	9	6	4	5	7	3
5	3	7	8	1	2	4	6	9
9	6	4	7	5	3	8	1	2
4	7	6	3	8	1	2	9	5
8	1	5	2	9	6	7	3	4
3	2	9	4	7	5	1	8	6

28

9	8	7	5	6	4	1	3	2
4	6	5	2	1	3	7	9	8
2	3	1	8	7	9	5	6	4
7	1	6	3	8	5	2	4	9
8	4	2	1	9	6	3	7	5
3	5	9	4	2	7	8	1	6
1	2	4	6	3	8	9	5	7
6	7	8	9	5	1	4	2	3
5	9	3	7	4	2	6	8	1

29

토끼

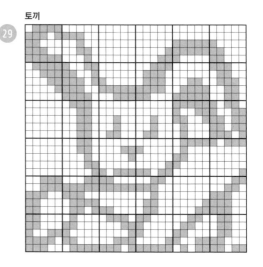

30

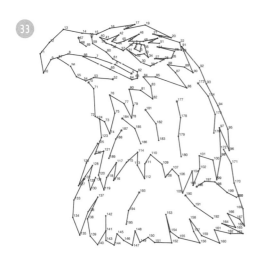

31

33

34

A		C		B		M		F		C		E
P	R	O	M	O	T	E		I	D	I	O	M
A		M		T		L		N		T		E
R		M		T		L		E		E		R
T		I		O		T						A
	E	T	Y	M	O	L	O	G	I	C	A	L
		T		I				R		D
C	O	I	N	C	I	D	E	N	T	A	L	
T		A						A		W		S
A	C	C	O	U	N	T		S	P	L	I	T
G		L		S		A				I		U
O	V	A	T	E		G				N		D
N		P								G		Y

35

```
M T S C C E G E L L O C I I E
N K S T O U N I V E R S I T Y
N O S L A U R S S E C M E I U
O O S G I S R R U C E E K S M
I B T S R A S S I R H N S Q O
T X N C E E E E E C O O U A O
I E N N E L H S S W U E O L R
U E R I E J E C L S S L E L S
T A S O A O E A T M A U N S
S N R M R I D R I E R E N M A
T E O C A G G O P N T N N O L
D R H N E X N O I L C E E T C
Y D U T S S E N N S L L I K S
L U N A I W G M E O V C C T N
Y G O G A D E P N R E E I Y S
```

36

4	7	9	5	8	2	1	3	6
8	1	6	9	4	3	7	2	5
2	3	5	6	1	7	4	9	8
7	4	1	2	9	6	5	8	3
9	6	3	4	5	8	2	1	7
5	8	2	3	7	1	9	6	4
3	5	4	1	6	9	8	7	2
6	9	8	7	2	5	3	4	1
1	2	7	8	3	4	6	5	9

37

7	1	5	4	2	6	8	3	9
9	2	3	5	7	8	6	1	4
8	4	6	1	9	3	7	2	5
1	7	4	9	6	2	3	5	8
3	9	2	8	5	7	4	6	1
6	5	8	3	1	4	2	9	7
4	8	9	2	3	5	1	7	6
2	6	1	7	8	9	5	4	3
5	3	7	6	4	1	9	8	2

38

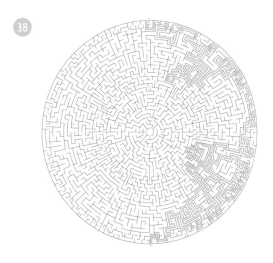

40

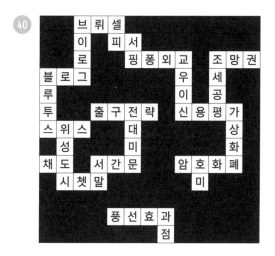

41

```
E K S A M C S S E N C N E S I
A K A R D N O M A I D O L C H
E W A K A N W C L T P R E C R
I A F L T L E S T A W E H I W
F F T O A F E U A I R L T C W
F E W A N U W A C R E A T E R
E A E J A R O G O C S E T T E
L S I S M P L N K N H L H E T
T H A J T A R R S O I K E T U
O E T V S O H S A E N B A E B
W R H S I E E A P A O H F R E
E E E U L E R I L H C S T W E
R S Q U A R E S R E Y O D T I
T E L G N A T C E R E R M E K
S P O R T S C O U R T C E W K
```

42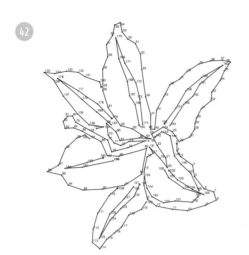

43

```
. A . A . E D U C A T E
. R . I . A . E . . . A
D E G R A D E S . R U B Y
. N . M . V . C . . . L
B A N A N A . R A I S E .
. . . I . T . I . . . T
C A L L . T I P . R . .
. B . . . A . T . E . .
S T I N G . I M M U N E
. O . . . E . O . O . .
G R A Y . O . N . V . .
. B . . . U . . . A . .
U S E L E S S . B L A S T
```

44

```
H N G S T E E P L E C E A H H
R O T C L O R T N O C N O G I
T I B R N R O D A R I M S I E
T L O A S L H R C E K C H R I
A A L L N C T L S Y U I S R F
R V E T E R S L P S E C E I A
R O B U B R M C A S R G O D N L
U E M H S K A R I B G O D N S
T S C L E S A L E S O O I A E
U R B H P H P H L S L S E D L
R K O Y U E G F E I G T I A A
K C B K R H R R N D C E R O R
C O E D S Y Y G L W A T C H N E
O L I G H T H O U S E R I P S I
C E W I N D T U R B I N E K O
```

45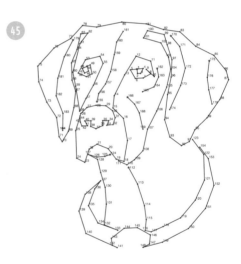

46

```
    사
동 물 농 장        유 튜 브
        외        니    렉
    트 리 거        콘    시
페        래    도    니 트 족
이            레 임 덕       벌
퍼 플 잡    몬    적 해
    셰        마    해
베 어 마 켓    이 순 신    안
    링        밀        사 이 드 카
            레    임        로
    파 니 니    당       이
            얼            드
```

47

```
A T N E M E V O M E A U A T R
M A T R E T S L O B B T O E M
G T V I N Y A S A A N O H A L
B R E A T H I N G H F C I T T
N C T L E B H S E E A E T S N O
O N S E V A W R R E A S C T R O
T A E T S F T A T A E L O R B
I M E X N N B T T S E T T E A
R A A A E A H T O E T T A T C L
K S S K S R P P S U R S N C A
S T A S C A C A V I E U B H N
N E S T T O N I G R A C V R E
A N B C T M L A S O C O R T
S B B A O C N B A E Y F W A E
F E P O S T U R E I A R N A R
```

48

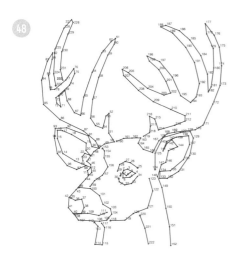

49

춤추는 커플

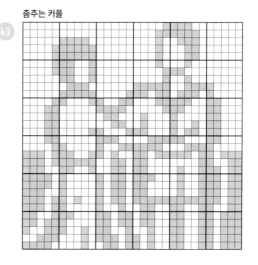

50

51

		어		블	랙	스	완	
딥	러	닝		루			생	
		쇼	팽	오				
핀	테	크		콜	옵	션	루	
							스	
블	록	체	인		아	베	노	믹	스
		리			이			
	지	피	지	기	더			
옴		커		업	도	긴	개	긴
니		우	공	이	산	즈		
버				개		버		
스	핀	오	프			그	리	스

52

54

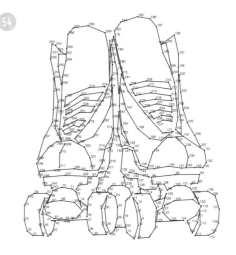

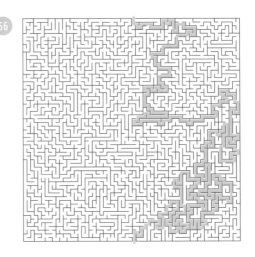

61

1	5	7	9	6	4	2	3	8
2	9	8	3	7	1	6	5	4
3	6	4	2	8	5	7	9	1
6	7	3	5	9	8	1	4	2
9	2	5	1	4	7	8	6	3
4	8	1	6	2	3	9	7	5
8	4	6	7	5	2	3	1	9
5	1	9	8	3	6	4	2	7
7	3	2	4	1	9	5	8	6

62

9	8	6	4	3	1	2	5	7
4	3	1	5	7	2	8	6	9
2	5	7	9	6	8	1	4	3
6	2	8	1	9	7	4	3	5
5	9	3	2	4	6	7	1	8
7	1	4	8	5	3	9	2	6
1	7	2	6	8	5	3	9	4
8	4	5	3	2	9	6	7	1
3	6	9	7	1	4	5	8	2

63
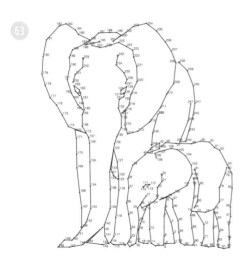

65

원숭이

66
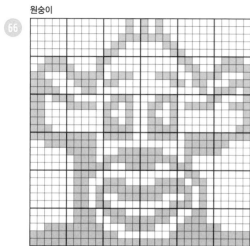

67
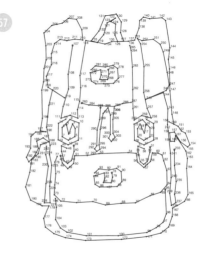

99

68

1	6	9	7	5	4	3	8	2
2	4	7	9	8	3	1	5	6
8	3	5	6	2	1	4	7	9
3	9	1	2	7	6	8	4	5
6	8	4	5	1	9	2	3	7
7	5	2	3	4	8	6	9	1
5	1	6	8	3	7	9	2	4
9	2	8	4	6	5	7	1	3
4	7	3	1	9	2	5	6	8

69

2	5	1	6	3	7	4	8	9
9	7	4	2	8	1	6	5	3
6	3	8	9	4	5	7	2	1
4	8	9	7	2	3	1	6	5
3	6	2	5	1	9	8	4	7
7	1	5	8	6	4	9	3	2
8	2	3	1	7	6	5	9	4
5	4	7	3	9	8	2	1	6
1	9	6	4	5	2	3	7	8

70

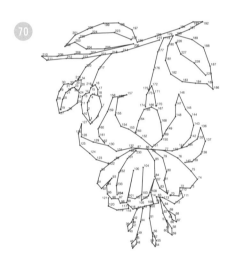

71

```
E C H I D N A B I R B I R M O
B Q Y N A R R U B A K O O K D
O I B R L L O U Q T U M E N K
D E L B A M A O A T K N G B C
A A G B U W A K A K T A O M A
P K D S Y L O B I O T P L O B
T L S N A K M S O O O I Y A D
O O A O G O A C S D K A R U E
P Q K T W N I N I A T T E S R
S K T P Y D O N G E C P B T A
K A N C N P G T U A P O I G K
U R D A K O U P T Q R U R Y K
A O B O O L A S A E A O D L O
B W A L L A B Y P D B U O R U
A K W G S K I N K A R A D N Q
```

72

```
L E O P A R A T A X I S I S G
A A H R E S M E T A P H O R Y
R M S P E M P I S O C O L O N
C H I A S M U S E T O T I L A
O A A H Y P E R B O L E O A N
A L N P Y N A Z A I N S G T E
A M H A O G E R S T Y O E Z C
A S E O P U O I A L I G A P D
I A T T G H X L L D A O I U O
R N T M O U O E A L O R E D T
O O A M E N P R L N O X X A E
P E A Z Y S Y A A N A O R O E
A L I P I A N M Y A N N X O O
R P O S P E O X Y M O R O N U
E A S Y N D E T O N R E G E O
```

73

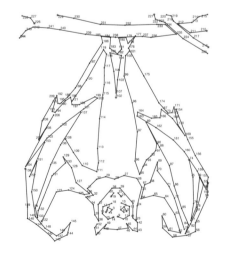

75
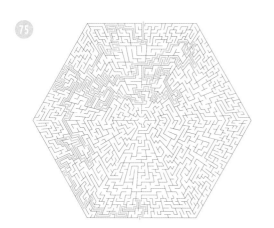

76
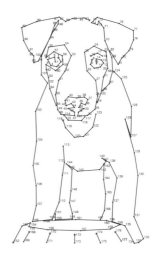

77

78
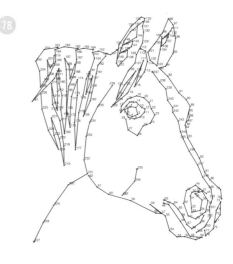

테디베어

79
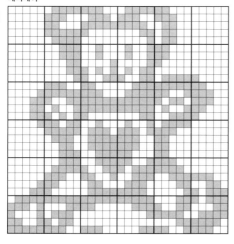

80

B	A	N	E	B	R	E	V	B	O	N	C	A	M	R
S	L	E	N	N	E	F	E	R	S	M	H	W	O	O
B	R	L	E	M	O	N	G	R	A	S	S	S	N	B
A	Y	G	M	S	O	B	I	O	O	R	E	T	G	T
N	C	N	N	F	K	B	O	N	S	M	H	Y	U	W
O	H	E	R	S	C	I	W	A	A	Y	A	R	B	T
M	A	S	C	M	O	E	G	R	M	R	M	A	S	M
A	M	N	I	B	D	E	Y	E	R	E	R	S	O	P
N	O	I	A	S	R	R	U	O	R	A	U	R	M	I
N	M	G	U	A	U	C	W	I	A	C	I	S	I	H
I	I	S	I	S	B	A	C	B	S	N	A	E	N	E
C	L	R	N	M	S	M	S	I	G	N	I	F	T	S
I	E	Y	E	L	R	A	B	A	T	H	I	S	E	O
T	N	O	R	G	M	I	E	T	A	E	W	I	E	R
E	H	A	W	T	H	O	R	N	A	E	I	I	O	C

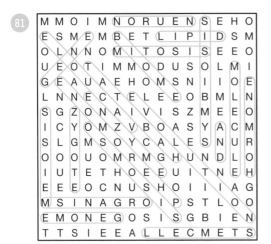

TV 프로그램에 나온 오리

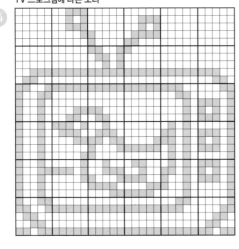

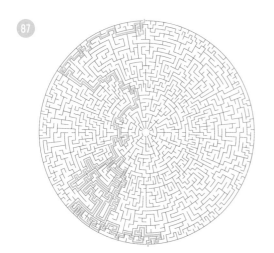

차 주전자와 컵

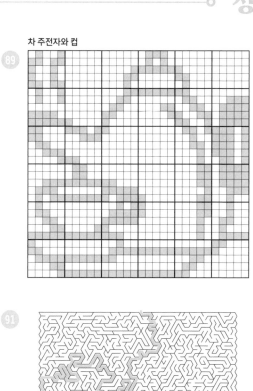

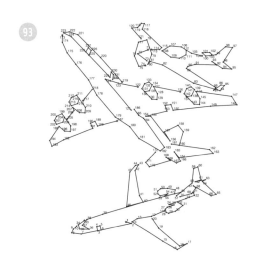

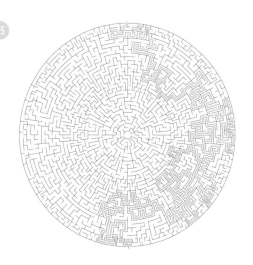

96

3	9	5	2	6	4	8	7	1
8	7	6	3	1	5	9	4	2
2	1	4	7	9	8	3	6	5
6	8	3	5	7	9	2	1	4
9	2	7	6	4	1	5	3	8
4	5	1	8	3	2	6	9	7
7	6	8	1	2	3	4	5	9
1	4	2	9	5	6	7	8	3
5	3	9	4	8	7	1	2	6

97

5	1	7	3	2	4	8	6	9
6	3	9	8	5	1	7	2	4
4	2	8	9	7	6	1	5	3
1	9	4	5	6	3	2	8	7
8	5	2	4	1	7	3	9	6
3	7	6	2	8	9	5	4	1
2	6	3	7	9	8	4	1	5
9	4	5	1	3	2	6	7	8
7	8	1	6	4	5	9	3	2

98

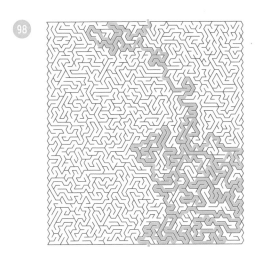

99

100

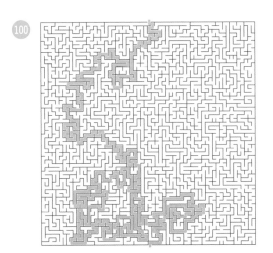